Johannes Fried

Die Aktualität des Mittelalters

Johannes Fried

Die Aktualität des Mittelalters

Gegen die Überheblichkeit unserer Wissensgesellschaft

Jan Thorbecke Verlag Stuttgart

CIP-Titelaufnahme der Deutschen Bibliothek

Fried, Johannes: Die Aktualität des Mittelalters: gegen die Überheblichkeit unserer Wissensgesellschaft / Johannes Fried. – Stuttgart: Thorbecke, 2002
ISBN 3-7995-8301-7

http://www.thorbecke.de · e-mail: info@thorbecke.de

1. Auflage 2002

Dieses Buch ist aus alterungsbeständigem Papier nach DIN-ISO 9706 hergestellt.

Gesamtherstellung: Jan Thorbecke Verlag, Stuttgart
ISBN 3-7995-8301-7

Die Aktualität des Mittelalters

Die Frau lachte auf: »Leute, hört Euch das an. Der Mann behauptet, ›wir lernen nur aus der Geschichte‹«. Die Tischgesellschaft stimmte ins Gelächter ein, ungläubig ob so närrischer These, amüsiert, die ganze Runde höhnisch. Aus der Geschichte lernen – lächerlich! In der Tat, ich bekräftigte, was ich soeben zu erklären versucht hatte: »Wir, wir Menschen, lernen nur aus der Geschichte – und sonst aus gar nichts. Unser gesamtes Wissen und Können fließt aus den Erfahrungen in der Vergangenheit.« Der Spott freilich stopfte mir umgehend den Mund. Gewiß, auch ich kenne die gegenteilige Meinung. Wir alle kennen sie. Sie wird gerne zitiert, findet lebhafte Zustimmung, als lebten wir Menschen, Hunden gleich, in den Tag hinein; als zehrten wir von unserer Unbelehrbarkeit. ›Nichts aus der Geschichte gelernt!‹ Belesene berufen sich hierzu gar in eilfertigem Mißverstehen auf Hegels einleitende Bemerkungen zu seinen »Vorlesungen über die Philosophie der Geschichte«[1]. Ein Joker an Wahrheit. – Was haben wir falsch gemacht, daß man über uns spottet, uns auslacht, wenn wir die schlichteste Wahrheit aussprechen: Daß wir Menschen aus der Geschichte lernen und sonst aus gar nichts?

Ich möchte nicht mißverstanden werden, schon gar nicht tagespolitisch: Indes, was ist mit der Geschichtswissenschaft geschehen, wenn der Präsident eines Landesrechnungshofes die Geisteswissenschaften faktisch zu streichen empfiehlt[2], wenn an einer Universität wie Tübingen Historiker, auch Mediävisten das Feld tatsächlich räumen sollen, um Biowissenschaftlern Platz zu machen; oder wenn ein Bundeskanzler eine Ethik-Kommission beruft ohne einen einzigen Historiker, ohne Historikerin? Als hätten das Klonen, die Entschlüsselung des Genoms, die Embryonenforschung, die Gentechnik, um die es geht, irgend Ethik hervorzubringen vermocht; als hätten nicht das antike und mittelalterliche Judentum und Christentum, die Propheten, die Philosophen, die Kirchenväter und Rabbinen, die Theologen, die Juristen, die Dichter, auf deren Schultern wir stehen, der Islam und seine Mullahs *je in ihrer Zeit- und Gesellschaftsbedingtheit* die Grundlagen jener keineswegs einhelligen Verhaltensnormen und Maßstäbe des Handelns gelegt, denen die

Menschheit heute folgt und denen alle Naturwissenschaft und alle Welt, in der sie wirkt, sich stellen müssen; als sei heutigentags menschliches Handeln – Ethik ist Handlungsnorm und Handlungstheorie, ist Orientierungswissen – der Geschichte entrückt; als hätte unsere Zeit nichts von der *Relativität aller Werte* gehört, die in der offenbar unterschätzten Historismus-Debatte seit über einem Jahrhundert widerhallt, und an der sich nicht zuletzt, ja maßgeblich die Geschichtswissenschaft beteiligte; kurzum: als sei die Geschichte entbehrlich, gar überflüssig, wenn es um den Menschen geht.

Zumal wir Mediävisten, beispielsweise wir hier in Konstanz oder auf der Reichenau? Werden wir Opfer unseres eigenen Tuns? Huldigen wir einem uns verschlingenden Mittelalterbegriff, dessen Schlund wir nicht mehr entrinnen? Peter von Moos[3] hat darauf hingewiesen, welch unterschiedliche Begriffe die europäischen Nationen vom Mittelalter besitzen, wie etwa in Italien, dem Land der »Aurea Roma«, der Legistik, der Renaissance, stärker die *Kontinuität* denn irgend Kultur*brüche* reflektiert werden; wie in Frankreich das Mittelalter die *Nation* gebar; wie die Deutschen in demselben bald eine herbeigesehnte »Traumzeit« (das Zeitalter *einiger* Christenheit) entdeckten, bald eine *belanglose Zwischenzeit* zwischen der Antike und der Epochenwende von Renaissance und Humanismus. Wurde damit hierzulande das Mittelalter, was immer wir Mediävisten auch dagegen unternehmen, *bleibend* stigmatisiert? Ich fürchte es. Alles nämlich, was die Geschichtsforschung zu bedenken geben könne, sei, so läßt man uns spüren, in Antike und Neuzeit belangvoller, der Wahrheit, freier Selbstentfaltung näher, rational und aufgeklärt, sei wirklicher Fortschritt, statt verworren, autoritätsgläubig und selbstverschuldet unmündig.

So könnte das vor über einhundert Jahren ausgesprochene Urteil des Völkerkundlers Michael Haberlandt, seinerzeit »k. u. k. Custos der ethnographischen Sammlung des naturhistorischen Hofmuseums und Privatdozent an der Universität Wien«, mithin keines Laien, noch immer der allgemeinen Einstellung gegen die mittleren Jahrhunderte entsprechen, daß nämlich die antike Wissenschaft »in geminderter und verwirrter

Gestalt« vom Mittelalter übernommen worden sei, und so auch das völkerkundliche Wissen. »Allerlei Fabelwesen fremder Völker huschen an dem geographischen Horizont der mittelalterlichen Bildung herum.« ... »Da bricht das Entdeckungszeitalter an«, und alles klärte sich auf; so Haberlandt[4]. Was tut's, daß schon im 9. Jahrhundert der angelsächsische König systematisch Seefahrer nach der Welt nördlich des Polarkreises befragte? Daß jene Fabelwesen antike Erfindungen waren, denen die mittelalterlichen Gelehrten skeptisch gegenübertraten? Daß die ersten europäischen Asienfahrer im 13. Jahrhundert das falsche antike Wissen an der geographischen Realität systematisch kontrollierten und korrigierten? Unsere Welt, das 19., 20., selbst das junge 21. Jahrhundert, lechzen noch immer nach einem *finsteren* Mittelalter, fern ihres eigenen Wissens, um sich in die Brust werfen, um sich, Kindern gleich, an geliehener Größe, am Fortschritt berauschen zu können; und Vorurteile, eingetrichtert beispielsweise durch die Schule, erfreuen sich bekanntlich des allgemeinen *Konsenses*, ersparen, wie falsch auch immer, da alles allen bekannt, jegliche Forschung und dem Staat, der sich bei dem Appell an sie der Zustimmung aller gewiß sein darf, unendlich viel Geld. Was wiegt schon die Wahrheit gegen den Rotstift?

Wohlmeinende – wie etwa ein dem Mittelalter gewidmetes Heft eines bekannten Magazins – empfehlen uns, uns »mythischen Herrschern« wie Karl dem Großen oder »protofeministischen Vorbildern« wie Hildegard von Bingen zuzuwenden, uns so der »spätkindlichen Traumata« zu entledigen, die »mit Datenkolonnen über die mesopotamischen Herrscherhäuser«, »mit komplizierten Erörterungen der Strategien im Peloponnesischen Krieg« quälten. Eine Art Selbstreinigung also, um verschreckte Leser wiederzugewinnen[5]? Wer aber intendiert heute solche Qual? Sollten wir uns wieder anheischig machen, wie früher gesellschaftliche und politische Legitimationsstrategien zu entwerfen? Vordenker zu sein? Es gab ja eine Zeit, und auch unser Konstanzer Arbeitskreis wurzelt in seinen Anfängen in derselben, da diente die mittelalterliche Geschichte tatsächlich der Legitimation nationalistischer, politischer, ja, kriegerischer Ziele. Ihre Erforschung sog nicht zuletzt daraus ihre Berechtigung. Wir dürfen froh sein, wenn dem heute nicht mehr so ist.

Das politische *Legitimationsgeschäft* treten wir gerne an andere ab. Gleichwohl, würden wir uns *allein* der Erforschung abgelegener Jahrhunderte widmen, ohne über den mediävistischen Tellerrand hinaus auf unsere Gegenwart zu schauen, wir wären ohne Nutz, nutzlos nämlich für das Leben; betrieben unsre Kunst um ihrer selbst willen, abseits, auf einer gesellschaftlichen Spielwiese, die, wie jeder Vergnügungspark, straflos geschlossen werden dürfte. Eine solche Annahme könnte in der Tat jene Spötter, jene Kommission auf den Plan gerufen haben. Und es wäre ihnen zuzustimmen: Wer über das Mittelalter nicht hinausdenkt, versteht vom Mittelalter nichts.

Doch warum uns mit Skrupeln plagen, wo dankbarere Aufgaben unserer harren, wo beispielsweise Heerscharen von Touristen Jahr für Jahr in die alte Zisterze Sénanque, inmitten des Ferienlandes Provence, pilgern oder hoch auf den Hohenstaufen keuchen; wo die vielen kostbaren Altertümer, die uns umgeben, die Kirchen, die Gemälde, die Handschriften, die zahllosen Zimelien unserer Fürsorge bedürfen? Sie verlangen detailgetreue Konservierung, erhellende Deutung, sachkundige Führung. *Ciceroni* also fürs nationale und Weltkulturerbe? Beschlagene Museumsführer? Das wäre in einer Lustgesellschaft wie der unseren gewiß eine lohnende Aufgabe, rechtfertigte aber schwerlich den ganzen Aufwand an Forschung, den wir betreiben. Will diese Gesellschaft denn wirklich die Dinge so genau wissen, wie wir sie zu erforschen trachten? Welch einen Gewinn – von der metaphysischen Frage nach der Wahrheit einmal abgesehen – brächte es denn, wenn, sagen wir, sich ergäbe, daß Uta – jene von Naumburg – nicht mehr Uta sondern Reglindis, und jene Reglindis nicht mehr Reglindis sondern Swanhildis wäre[6]?

Gerne werden die attraktiven Ausstellungen der letzten Jahrzehnte zum Beweis für öffentliches Mittelalterinteresse heraufbeschworen. In der Tat, sie waren Renner, schufen zeitweise Arbeitsplätze, lasteten Eisenbahnen und Busse aus, ließen die D-Mark rollen: »Karl der Große« in Aachen (1965), »Die Staufer« in Stuttgart (1977),

»Bernward von Hildesheim« in seiner Bischofsstadt (1993), »Otto der Große« eben in Magdeburg (2001)... Der Blick aufs Mittelalter bereitet anscheinend ästhetisches Vergnügen, befriedigt wohl auch die Lust auf Archaisches, auf Exotik, einen gewissen Voyeurismus, wie der Literaturhistoriker Karl Heinz Bohrer unlängst treffend bemerkte[7]. Wir können sichtbar machen, was wir wissen. Doch sei Vorsicht angemahnt. Mit solcherart Aktivität konkurrieren wir Vergangenheitsforscher mit der seriösen und weniger seriösen *Unterhaltungsbranche*, mit Vergnügungsparks und Anbietern für Abenteuer-Urlaube, mit Fan-Clubs für Ritter- oder Fußballvereine, mit Turnierspielen, Mittelaltermärkten und dergleichen mehr und rechtfertigten schwerlich die teuren staatlichen Zuwendungen an uns.

Andernorts und zwar gleich auf den ersten Seiten jenes schon erwähnten Magazins, in dem unter anderen auch Kollegen zu Wort kommen, lächelt einem listig Joschka Fischer entgegen, unser Außenminister. »Ein Wappen für Joschka« mit rotem »Flug« als Helmzier zum Zeichen seines Amtes. Auch das ist Mittelalter. Braucht man uns dafür? Wäre das jene Anwendungsorientierung, die wir zu bieten haben? Später beunruhigt – immer noch in demselben Heft – die Frage: »Wie … die Ritter von heute zu einer gepflegten Rüstung« kommen? Die Antwort findet sich auf der folgenden Seite; dort nämlich steckt der Photograph »sein Modell in die eiserne Herrenkluft von einst«. Ein hübsches Gesicht mit langen Wimpern und dunklen Haaren und großen Augen in einer barocken Rüstung blickt einen nun an. Jeanne d'Arc in jederfrau? Geheime *Sehnsüchte nach Schlicht- und Einfachheit*, nach urwüchsigem Heroinentum in der Hightech-Gesellschaft? Nach Abkehr von der Moderne? Der Mediävist als Guru?

Indes, auch solcher Art Lust stumpft mit der Wiederholung ab, wird schal. Ausstellungen, und präsentierten sie die kostbarsten Raritäten, bieten dann bloß »den üblichen Mix aus Urkunden, Kunstobjekten und einzelnen … Alltagsgegenständen«, wie es gelangweilt in einer Rezension der Magdeburger Otto-Ausstellung hieß[8]. Bald hat man genug der silbernen Taufschalen, stilisierten Herrscherbilder und rostvernarbten Schwerter gesehen; und selbst die schöne adelsstolze »Uta von Naumburg« verliert, Reglindis nun, ihren Reiz. Haben wir Mediävisten zu den Lebensbedürfnissen der heutigen Welt nicht wichtigeres beizutragen? Halten wir also den Modernisierungsschüben unserer Gegenwart nicht stand?

Aber die Bildung! Verspricht der Geschichtsunterricht nicht *humanistische »Bildung«*? Was also bildet und bildet wozu? Können wir Mediävisten noch Ziele formulieren, wie sie jedes Bildungsprogramm verlangen muß? Eine bekannte Wochenillustrierte begann im April des Jahres 2000 eine »neue Serie: Faszination Mittelalter« – unter dem Motto: »Herrscher Huren Heilige«[9]. Wäre es das? Welche Art Orientierung folgte daraus? Ist, um ohne Stabreim zu formulieren, ein Wissen um »Canossa«, den staufisch-welfischen Thronstreit, »Bouvines« (keineswegs mehr allgemein in deutschen Bildungskreisen erinnerte Beispiele welthistorischen Geschehens), gar um versunkene Verfassungsstrukturen und verbrauchte Rituale, ist solches Wissen mehr als ein vielleicht vergnüglicher, letztlich indessen ersetzbarer, in keiner Weise handlungsleitender Ballast für die unvermeidliche Fahrt in eine von Biowissenschaften beherrschte Zukunft? Totes Wissen mithin statt Bildung, die zum Bilden befähigt?

Haben wir Mediävisten der Welt also nicht *mehr* zu bieten als einen abgestandenen Bildungsstoff, ihr nichts Dringlicheres zu präsentieren als eine Kollektion von unwirtschaftlichen Streitfragen, ob dieses oder jenes so geschehen, wie dieser oder jener Kollege, diese oder jene Kollegin es behaupteten; ob beispielsweise das Kloster Memleben im Jahr 942, 975 oder erst 979 (vielleicht auch ein paar Tage zuvor) gegründet wurde? Streitfragen dieser Art sind unter uns, räumen wir es ruhig ein, an der Tagesordnung und besitzen doch einzig im Dienst übergeordneter Erkenntnis- und Lebensziele Wert, nicht aus sich selbst heraus. Manchmal nämlich, im Dienst der Wahrheit, müssen wir uns tatsächlich so gebärden, als hinge unsere ganze Seligkeit an einer einzigen, eben dieser Emendation[10]; da geht es dann um die Frage, ob dieses Kloster für Missionsaufgaben unter den Slawen vorgesehen war, mithin um den Zusammenprall von Zivilisationen und die Instrumentarien weiträumiger Akkulturation.

Es muß uns gleichwohl zu denken geben, daß wir bei aller Ernsthaftigkeit und popularisierenden Präsentation unserer Forschungen es nicht vermochten, die Mediävistik angemessen an den Schulen und in universitären Examensordnungen zu halten, dort also, wo Humanismus und schöpferischer Weitblick grundgelegt werden müssen. Wer immer die Unterrichtspläne macht, attestiert dem Mittelalter wenig Nutzen für eine auf das Humanum gerichtete Erziehung – gemindert eben und verwirrt, wie es der k. u. k. Ethnologe Haberlandt einst ausdrückte. In der Tat, was bedürfen ein Fußballkaiser und seine Gefolgschaft des Wissens um den Kaiser im Schnee von Canossa? Um Schnee von gestern?

Wir leben in einer Gesellschaft, die sich stolz eine Wissensgesellschaft dünkt und damit die sich überschlagenden Umbrüche im Wissen, symbolisiert im atemberaubenden Erneuerungsbedarf elektronischer oder virtueller Wissensbereiche meint, im Cyberspace, für den selbst ein Karl der Große nichts bedeutet. Hat der »floating gap«, das mit dem Leben fortschreitende Vergessen, endlich unser Mittelalter erreicht? Macht das rasante Veralten eines gestern noch aktuellen Wissens die Welt vor tausend Jahren zu kennen entbehrlich? Gehört das Mittelalter nicht mehr zu jener Vergangenheit, über die unsere Kultur sich Rechenschaft ablegen sollte? Versagen sich uns somit die überkommenen Modelle von *Geschichte als Bildungsgut*? Goethes Verszeilen im »Buch des Unmuts« aus dem »West-Östlichen Divan«, Generationen von Schülern ins Stammbuch geschrieben, – »Wer nicht von dreitausend Jahren / sich weiß Rechenschaft zu geben, / bleib' im Dunkeln unerfahren, / mag von Tag zu Tage leben.« –, Napoleons Ansprache an sein Heer im Angesicht der Pyramiden (wenn sie denn historisch) – »Soldaten, vierzig Jahrhunderte schauen auf euch herab«[11] – die ganze Einsicht: Makulatur?

Heutige Wüstenkämpfer bedürfen keiner mittelalterlicher Geschichte. Aber vielleicht der Kampf um den Frieden? Vielleicht, um den »Alten vom Berg«, den Herrn der Assassinen, in die Schranken zu weisen? Es sind mitunter Jahrhunderte und Jahrtausende alte Traditionen, in die Tiefen der kollektiven Psyche eingegrabene Gruppenidentitäten, die noch die Gegenwart in Krieg und Terror treiben. Ach, könnte auf sie doch ein Landesrechnungshof seinen Rotstift ansetzen. Er mag die Geschichtswissenschaft streichen, der Geschichte entkommen, vermag er nicht. Alle europäischen Nationen, alle religiösen Fundamentalismen wurzeln mit ihren Traditionen, mit ihrer Überzeugungsmacht im Mittelalter oder noch tiefer. Wie uns da orientieren? Wir Menschen lernen aus der Geschichte oder aus gar nichts.

Was also haben *wir* Mediävisten falsch gemacht, daß man uns so behandeln darf? Haben wir etwa – versunken in Forschungen, die außer uns niemanden interessieren – in Verfassungsgeschichte, in soziale Strukturen, Konflikte, Mentalitäten, versunken ins Gebetsgedenken, in Markt- und Städtewesen, in Straßen und Verkehrsverhältnisse, in Vertragstechniken und Königspfalzen, in schwäbische Landesgeschichte, in Klöster und Stifte, in scholastische Schul- und Universitätsgeschichte, in die Rituale abgelebter Zeiten – haben wir mit all diesen und dergleichen Betrachtungen mehr, Forschungen betrieben, die dem Leben ab- und dem Nutzlosen und Überflüssigen zugewandt waren?

Haben wir *den lebenden Menschen, den Mitmenschen, aus dem Auge verloren*? den handelnden, leidenden, den liebenden und hassenden, den teilnahmslosen, den wissenden und unwissenden, den mißtrauischen und verschlagenen, den zu jeglichem Verbrechen bereiten, den neugierig forschenden, den kreativen Menschen, in dem alles zusammenfließt, die sozialen Strukturen so gut wie die Konflikte, das Wissen so gut wie das Gebet, – den Menschen von heute, in dem alles sich schürzt, was wir erforschen, Hoffnungen weckt und Kräfte entfesselt, unseren Adressaten aus den Augen verloren? Haben wir – einer stigmatisierten Epoche zugewandt und darüber zu Fachidioten geworden – uns allein dem Nachteil der Historie für das Leben verschrieben, ohne ihren Nutzen ins Auge zu fassen? »Belehrung ohne Belebung« zelebriert[12]? Und läuft uns jetzt das Leben davon, weil es unsere Belehrung nicht mehr benötigt?

Zur Antwort möchte ich mich zwei Sachverhalten zuwenden, die mir von grundlegender Bedeutung zu sein scheinen, ohne bislang angemessene Würdigung erfahren zu haben. Der eine wendet sich vorwiegend nach außen, der andere wesentlich nach innen. Zunächst halte ich die Geschichtswissenschaft (I) für eine Erfahrungs-; sodann (II) für eine Kognitions- und Lebenswissenschaft. Die Mediävistik partizipiert an beidem.

I
Geschichtswissenschaft als Erfahrungswissenschaft

Einblicke ins Mittelalter konfrontieren, davon konnten jene Ausstellungen durch Augenschein überzeugen, mit dem ganz Anderen. Es fordert in seiner Fremdheit zur Auseinandersetzung heraus und relativiert damit die Maßstäbe der Gegenwart. Könnten wir somit soziale und politische *Phantasie und Kreativität* aktivieren, hilfreich zur Gestaltung unserer eigenen Gegenwart, indem wir beispielsweise Handlungs- und Denkmuster einer pränationalen Welt oder religiöser Fundamentalismen sammeln und vergleichen – sie sind ja der Geschichte der lateinischen Kirche nicht fremd; ich erinnere an die im Albigenserkreuzzug in Brand gesteckte Kathedrale von Beziers mit ihren Tausenden von Toten, an den Terror der Inquisition –, auswerten, um die Relativität auch nationaler Werte, einen neuen Umgang mit radikalreligiösen Postulaten einkalkulieren und eine transnationale Welt konzipieren, eine fundamentalistisch agierende abschätzen zu lernen? Um den Denkstil, den unsere Gegenwart befolgt, zu kontrollieren und zu korrigieren, seine Leistungskraft und Grenzen? Es geht um Bedingungen der Erkenntnis des Abwesenden und Fremden.

Ich erlaube mir, noch einmal den »West-Östlichen Divan« zu befragen – und zwar die Anfangsverse jenes schon zitierten Gedichts, die wohl weniger bekannt sind als sein Schluß, gleichwohl uns hilfreich sein mögen: »Und wer franzet oder brittet, / Italiänert oder teutschet, / Einer will nur wie der andre / Was die Eigenliebe heischet«[13]. Diese »Eigenliebe« der europäischen Völker, das Eigenbewußtsein und die Eigenpropaganda nämlich ihrer Sprecher, läßt sich spätestens seit dem 12. Jahrhundert als politisch gestaltende Kraft erkennen, auch wenn sie sich anfangs nur schüchtern zu Wort meldete. Die Mutation des nationalen Gedankens oder der Religionen, ihre eigentümliche Beharrungskraft unterliegen dem

Druck weit zurückweisender Erfahrungen. In der Tat, die europäischen Nationen sind älter, als es Zeithistoriker und Politiker gewöhnlich wahrnehmen; sie wurzeln im Nährstoff eines ganzen Jahrtausends; die Religionen noch tiefer.

Das bleibt nicht ohne Folgen für die Gegenwart, gerade auch jenseits der europäischen Grenzen. Der in der zweiten Hälfte des 20. Jahrhunderts erfolgte Export des europäischen Nationalstaates in die übrigen Regionen der Erde – etwa in die einstigen europäischen Kolonien oder nach Asien – konfrontiert die jungen, zuvor unexistenten, traditionslosen Staaten mit impliziten abendländischen Erfahrungen, die sie nachzuholen keine Chance besitzen. Lern- und Akkulturations*zumutungen* sind die Folge; fremde Kulturen sollen in gedrängter Form sich einverleiben, was der Westen durch das Mittelalter und seitdem durchgemacht hat. Einige der Spannungen, die daraus resultieren, nicht alle, können Mediävisten angemessener deuten als gegenwartsnahe Politologen. Betroffen sind etwa die Entstehung und das Selbstbewußtsein von Völkern, aber auch so geschichtsschwere, westliche Werte wie Selbstbestimmung, Freiheit, Souveränität, Demokratie, Grund- und Menschenrechte, Individualität, die Würde des Menschen. Ihr Export stößt auf historisch bedingte Barrieren im Begehren, in den Denkstilen, im Weltbild.

Niemand denkt an eine naive eins-zu-eins-Relation; keine Situation wiederholt sich, nicht einmal in der eigenen Biographie. Und dennoch wachsen wir an unseren Erfahrungen, die wir übrigens – bis in die Organisation unseres Gehirns hinein – in immer neuer Weise miteinander verschränken. Das Mittelalter kann somit schwerlich *unmittelbar* als Ideenlieferant für heute dienen; gleichwohl ist es ein kollektiver Erfahrungsspeicher. »Geld« zum Beispiel, um neben Religion und Nation einen dritten Nervus rerum unserer Gegenwart anzusprechen, war damals ein substantielles, an materielle Werte – Silber oder Gold – gebundenes Symbol, mithin ein völlig anderes Konzept als im Zeitalter des »electronic banking«, wo nur noch Zahlenkolumnen verschoben werden und florierende Industrieunternehmungen übers Internet in die Krise gestürzt werden. Aber das Spiel von Marktzoll und freiem Markt wurde beispielsweise im Mittelalter zu spielen gelernt. Nur die Routine begnügt sich mit jüngsten Trends. Kreativität, auch ökonomische und finanzpolitische, wächst am Widerspruch, an der Reflexion des ganz Anderen; und sei dieses das Uralte, das der Historiker in seiner menschlichen und gesellschaftlichen *Nah- und Fernwirkung überschaut* und auf die Stufe komplexer Erfahrung, umfassenden Wissens erhebt. Auch in der Ökonomie spielt der Denkstil eine maßgebliche Rolle; und er verdankt sich jahrhundertealten Traditionen.

Zweifellos erhöhen die Kenntnis einstiger Möglichkeiten – nämlich: der realen und in ihren Wirkungen bedeutsamen menschlichen Erfahrungen, nicht bloß gedankenblasse Strategien und theoretische Konzepte – sowie die Auseinandersetzung mit diesem Wissen die geistige Flexibilität. Dieselbe erweitert, worauf begründend später zurückzukommen ist, die Vielfalt aktualisierbarer Assoziationspotentiale, auf die alle schöpferische *Kreativität* auch in unserer von unterschiedlichsten kulturellen Traditionen, Wertsetzungen und Denkstilen beherrschten Gegenwart angewiesen ist, erweitert alle sachliche Gestaltungskompetenz. Die Geschichte erteilt keine allgemeingültige Handlungs*anweisungen*; solche kann es – von automatisierbaren Verrichtungen abgesehen – nicht geben. Wohl aber enthüllt sie dem kundigen Blick vielfältig erprobte Handlungs*muster*; und mit ihnen Orientierungswissen im Gewimmel endloser Einzelheiten.

Es ist gewiß in die richtige Richtung, obgleich noch zu kurz gedacht, wenn beispielsweise jenes wiederholt genannte Magazin die Hanse zum »Vorläufer der Europäischen Union« stilisiert und »die Erfinder der Globalisierung« in den mittelalterlichen Fernhandelskontoren etwa eines Francesco Datini aufspürt. Die Globalisierung wurde zu keiner Zeit »erfunden«; sie resultiert aus einer sich während der mittelalterlichen Jahrhunderte immer dichter vernetzenden Kooperation des »homo religiosus«, »oeconomicus« und »scientificus«; der »homo politicus« trat als letzter hinzu. Sollte man also allen Brüsseler Beamten, allen widerborstigen Politikern mit Lady Thatcher an der Spitze einen Schnellkursus in Hansegeschichte verordnen? Allen Gegnern der Globalisierung statt Gefängnis Geschichtsunterricht?

Die Erfolgsaussichten seien dahingestellt. Die Herrschaften sind gewöhnlich zu alt; Denkweisen müssen in früheren Lebensstadien eingeübt werden; auch darauf ist später zurückzukommen. Immerhin wird angehenden Diplomaten auch Zeitgeschichte gelehrt. Indes, so attraktiv die Vorstellung, so unzureichend wären wir Mediävisten auf eine solche Aufgabe vorbereitet. Wir müßten erst lernen, das Mittelalter transparent für heutige Zeitfragen zu machen. Es verlangte von uns zusätzlich zu den bisherigen Errungenschaften unserer Wissenschaft (auf die keinesfalls verzichtet werden kann) einen Umgang mit der Historie, wie wir ihn heute gewöhnlich nicht praktizieren; einen, der heutigen und künftigen, der menschlichen Nutzen ins Auge faßte und die tiefreichenden Wurzeln sichtbar machte, mit denen die Gegenwart unausrottbar aus der Vergangenheit Nahrung saugt, Blüten treibt und Früchte trägt.

Geschichte reflektiert die in Auseinandersetzung mit der Welt, der Umwelt, mit der eigenen Gesellschaft, den anderen und den Fremden gesammelte Erfahrung; Erfahrung, die nach dem Geschehen als Ereignis gefaßtes, geistig verarbeitetes Erlebnis ist und sich damit hermeneutischen Zirkelschlägen und vieldeutiger symbolischer Repräsentation ausgesetzt sieht; Erfahrungen der Menschheit so gut wie Erfahrungen des einzelnen (die sich unterscheiden und beide Anspruch auf systematische Untersuchung hätten, doch hier zusammen betrachtet werden sollen). Die Geschichtswissenschaft ist eine Erfahrungswissenschaft. Jedes Wissen resultiert aus unmittelbaren oder mittelbaren Erfahrungen, ist geradezu – einerlei, ob von Eltern oder Lehrern vermittelt, aus Büchern gewonnen, aus dem Internet gezogen, aus eigener Erinnerung geschöpft – aktualisierbare Erfahrung, wie immer wir als Person oder im Kollektiv ihrer inne werden. Jede neue Erfahrung setzt ihrerseits Wissen, ältere Erfahrungen, voraus, baut auf einander auf und ist offen für spontane Assoziationen, für Neukombinationen und Variationen, für Überschreibungen durch andere Erfahrungen.

Alles Wissen gründet in dieser Dialektik von Erleben und Verarbeitung und wird durch deren Verlauf gelenkt: Soziales so gut wie autobiographisches Wissen, Fertigungswissen wie religiöses, kulturelles, ökonomisches, militärisches, mündlich tradiertes und schriftlich fixiertes, wie jegliches Expertenwissen; wissenschaftliches nicht anders denn Orientierungswissen und nicht zuletzt, ja, vor allem der Denkstil als charakteristische Wissensform einer Wissensgesellschaft. Alles Erforschen, Bewerten und Ordnen, alle Orientierung unterliegen diesem Denkstil. Jedes vorgreifend geplante Experiment folgt den Vorgaben der Vergangenheit, muß abgeschlossen und nach den Bedingungen seines Zustandekommens ausgewertet sein, bevor es dem Wissensschatz hinzugefügt werden kann. Jede Theorie ist normativ gefaßte Erfahrung. Selbst der spontane Einfall, und sei er noch so treffend, bedarf der nachträglichen Prüfung, soll er ins Wissen eingehen, verrät erst im Nachhinein und oftmals mit erheblicher, durch besondere Umstände bedingter Verzögerung seine volle Bedeutung. *Im Wissen ist alles Vergangenheit;* ist alles Geschichte. Gegenwärtige und künftige Orientierung bedarf der Erfahrungen der Vergangenheit; und nur die Geschichtswissenschaft erfaßt, *wie* tief jede Erfahrung im kollektiven und kulturellen Gedächtnis, im impliziten

Wissen verankert ist, *wie* fest sie dort sich eingenistet hat und welchen Bedingungen sie sich verdankt.

Erfahrung aber – sie sei individueller oder kollektiver Natur – und mithin das Wissen ist stets komplex. Sie beschränkt sich nie auf bloße Einzelheiten oder zufällige Konstellationen, auf Strukturen oder Mentalitäten; sie ist niemals eindimensional. Noch die unbedeutendste Erfahrung evoziert einen Kosmos an sozialen Interaktionen, an Zufällen und Folgen, an mentalen, sachlichen, personalen Beziehungsnetzen, an Sachzwängen, an freundlichen und traumatischen Erinnerungen, an traditionsvermittelten Vorstellungswelten und Denkweisen, kurzum: einen Kosmos an langfristigen Ursachen und an die Tiefen der Vergangenheit ankettende Bedingungen. Wer anders als Historiker oder Historikerin sind in der Lage, derartige Komplexität zu durchdringen, deren systemisches Zusammenspiel zu würdigen, seine Wirkungen zu beurteilen; die eigene Gegenwart somit historisch zu relativieren und Orientierung zu ermöglichen? Entscheidend für den historischen Erkenntnisprozeß ist, welcher Art und wessen Erfahrungen faßbar werden, welcher Komplexitätsgrad mit den verfügbaren Methoden zu bewältigen ist, welche Zergliederungen sich anbieten. Erfahrungen und ihre mit unzählbaren Komponenten interagierende Komplexität sind der eigentliche Gegenstand der Historie.

Der Umstand zeitigt Konsequenzen. Unzureichend etwa ist die beliebte Gegenüberstellung von traditionalen Gesellschaften und moderner Gesellschaft. Das letzte ist bestenfalls eine arrogante Leerformel. Schon im 11. und 12. Jahrhundert stellten die Schulmeister die »alten Autoren«, »*antiqui*«, gegen die »modernen Gelehrten«, »*moderni*«. Derartige Gegenüberstellungen von »Einst« und »Jetzt« begegnen wiederholt. Jede Gesellschaft »bewahrt«, »übergibt« ihr Wissen an die nächsten Generationen, an »Kinder und Kindeskinder«, ist somit traditionale Gesellschaft, auch wenn die Transmissionstechniken im Laufe von Jahrtausenden vermehrt wurden und im Vergleich zu früheren Epochen effizienter geworden sind. Jede übernimmt von den »Alten« (für die sich heutigentags so fremdartig klingende Namen wie »CD-Rom« oder »Internet« eingebürgert haben), was diese bewahrt und übergeben haben. Selbst ein Widerspruch bedeutet Übernahme – so, wie jedes Dementi zugleich Wiederholung ist.

Einen Auswuchs geradezu an Arroganz stellt das für unsere Gegenwart vindizierte Konzept der »Wissensgesellschaft« dar. Als ob frühere und andere Gesellschaften ohne Wissen, Wissenszuwachs und Wissenserneuerung ausgekommen wären; als ob nicht schon das Mittelalter die Erkenntnis reflektierte, daß »wir« Zwerge auf den Schultern von Riesen stünden, die uns den Weg gewiesen, und deshalb weiter schauten als jene; als ob wir es mit einem Modell von weltgeschichtlichen Entwicklungssprüngen zu tun hätten, welche die Menschheit erst aus der traditionalen Gesellschaft in die moderne springen ließen (sei sie Industrie-, Klassen- oder Massengesellschaft), um sie sodann von dieser in die Wissensgesellschaft zu katapultieren. In Wahrheit ist Wissen durch und durch, seinem ganzen Wesen nach ein Traditionsbegriff und ist auch die unsere wie jede andere vor uns eine tradierende Wissensgesellschaft; sie bedarf des ihr gemäßen Wissens und muß die Riesen kennen, auf deren Schultern sie sich einrichten soll, deren Standort und deren Bewegungen, um nicht von der schmalen Plattform ihrer Schultern zu stürzen.

Allenfalls hat sich der Rhythmus technischer Neuerungen beschleunigt. Doch läßt sich auch das bezweifeln, solange der Nachweis aussteht, daß die Beschleunigung während des 20. Jahrhunderts grundsätzlich anderer Natur und von größerer Dynamik gewesen sei als jene, der die Menschheit längst, wenigstens seit annähernd drei- bis zwei Millionen Jahren, ausgesetzt war und das, so darf man wohl vermuten, analog zur Population *exponentiell* wächst. Das Mittelalter befindet sich in dieser Wachstumskurve dort, wo dieselbe aus gemächlichem Steigen in immer steileren Anstieg umschlägt. Als Koeffizienten des wachsenden Steigungsfaktors ließen sich beispielsweise das Schulwesen, der Rationalismus der Wissenschaft, die Verbesserung astronomischen, mathematischen oder optischen Wissens, eine Fülle technischer Neuerungen, der Bergbau namhaft machen, auch auf die rasch und systematisch expandierende Weltkenntnis, auf die Jurisprudenz, die Rechenhaftigkeit des Kaufmanns verweisen, auf das Messewesen, das Kapitalwesen, den Städtebau, die Bürgerrechte (die den Grundstock der Menschenrechte abgeben sollten), auch auf die wachsende Fähigkeit zum Zusammenspiel all dieser Faktoren, um nur einige der verfügbaren Indikatoren zu nennen.

Wie alle Werte geschichtlicher Relativität unterliegen, so auch das Wissen. Gesellschaftlicher Wandel wertet Wissen fortgesetzt um (ohne es damit aufzuheben oder zu beseitigen), läßt es veralten; das gilt nicht erst für heute. Neue Bedürfnisse entstehen, Revolutionen des Wissens lösen einander ab. Zunächst wurden Verdauerungstechniken bedeutsam, dann Bewertungstechniken, die verschiedene Wissensbereiche mit einander verglichen. Die Geschichte bietet eine Unsumme, einen Schatz an Erfahrungen, wie Menschen zu allen Zeiten mit diesem relativem Wissen sich in der Welt eingerichtet haben, wie sie ihr Wissen mehrten, wie und warum dasselbe regionale Differenzierungs- und kulturelle Beschleunigungsprozesse einleitete, wie sie auf Umbrüche der Wissenskultur reagierten, in der sie aufgewachsen waren, unter welchen Umständen und wie sie sich fremdes Wissen aneigneten, an fremde Zivilisationen akkulturierten – verdeutlicht auch, daß Wissen ein systemischer, sich selbst organisierender Prozeß ist, in dem jeder Faktor sich mit der Zeit in unvorhersehbarer Weise entfaltet und nur im Nachhinein eine Richtung erkannt werden kann. Hier läßt sich nichts willkürlich handhaben.

Das europäische Mittelalter gestattet, diesen Prozeß in hervorragender Weise zu untersuchen und damit die Bedingungen von Wissenskultur zu erfassen. In jener Zeit, in diesen angeblich so gläubig-unmündigen, wissenschaftlich verwirrten Jahrhunderten, begann der Triumphzug beweisender Vernunft im Abendland, der unaufhaltsame Siegeszug aufklärerischer Verwissenschaftlichung, die uns heute mit Genetik und Neurophysik beglückt. Es präsentiert sich als technisch, wissenschaftlich, organisatorisch höchst innovativ, als eine ungemein dynamische Phase westlicher Wissenskultur, vergleichsweise gut dokumentiert und nah genug, um uns noch etwas zu sagen. Es zimmerte die soziale und intellektuelle Basis unserer eigenen Welt – die Nationen, das Stadtbürgertum, das Bankwesen, die Universität, das Individuum, die Säkularisation des Denkens, den Denkstil –, ist somit verantwortlich für die umfassende rationalistische, auch ethische und humanistische Prägung dieser Kultur und ist zugleich – im Hinblick auf gesellschaftliche Wirkungen – recht überschaubar. Das Was, das Woher und Wohin des Wissens und damit die Jahrhunderte langen gesellschaftlichen Folgen vergangenen Geschehens lassen sich hier mit einiger Zuverlässigkeit erfassen, seine Entfaltungsdynamik analysieren.

Der Blick darauf weckt Verantwortung, nicht die aus dräuendem Nichtwissen oder dämonisiertem Unbehagen gespeisten Warnungen vor Wissenschaft, gar deren Diskriminierung und Verbot. Dieser Blick enthüllt die Grenzen der Steuerbarkeit systemisch vernetzter Wissensprozesse, ihre unkontrollierbare Eigendynamik und Selbstorganisation. Als Beispiel eines grandiosen Fehlversuchs zu Kontrolle und Verbot von Wissen, als Warnung zugleich vor unangemessenem Eingreifen in jene Selbstorganisation bietet sich der römische Index an, der zu keinem Zeitpunkt erreichte, was er sollte: die Kontrolle nämlich der Wissensverbreitung, die über Druckschriften erfolgte. Mag eine regionale oder lokale Effizienz nicht zu bestreiten sein, mögen »gefährliche« Bücher tatsächlich hier und da nicht zur Kenntnis gelangt sein, so haben die Eingriffe auf Dauer dennoch nicht den inkriminierten Fortschritt des Wissens aufhalten können. Wohl aber haben sie Wissensströme umgelenkt und damit eine wissenschaftliche Rückständigkeit dieser, die Dominanz anderer Regionen bewirkt und soziale Wirkungen gezeitigt, die niemand geplant hatte. Nur eines vermag gegen gefährliches Wissen langfristig zu helfen: das Wissen selbst, insofern es Gegenindikationen gegen die von ihm geweckten Gefahren bereitstellt, die Mehrung also der Erfahrung, der Lernprozeß aus der Geschichte. Nur Wissen zähmt Wissen. Derartiges hört man hierzulande nicht gern; denn es klingt elitär oder reizt, wie erwähnt, zum Hohngelächter.

Jene mittelalterliche Epoche hat – wie vielleicht keine zweite Phase der Weltgeschichte – sich allgemein, an allen Schulen seiner lateinischen Welt, dem Studium und der Einübung der Vernunft hingegeben, dem in Regeln gefaßten, kategorialen, beweisenden Denken und seiner Überprüfung an der Erfahrung. Damals wurde der eigentümliche Rationalismus als Kennzeichen der abendländischen Kultur, als der ihr eigene Denkstil, geboren – unter Bedingungen, die sich keineswegs diesem Rationalismus verdankten. Selbstverständlich war diese Entwicklung nicht, wie der Blick in andere Hochzivilisationen verdeutlicht. Wie also wurde es möglich? Was führte dahin? Wo und wann wurde der Keim gelegt, der dann so mächtig ausschlug, welche Umstände brachten ihn zur Entfaltung? Ließe er sich noch ausjäten? Das genauere Studium der Lernattitüden des Mittelalters kann dazu Aufschluß gewähren; es verrät zugleich einiges über die tiefgründende rationalistische Fundierung heutiger Forschung und über ihre mitreißende Dynamik.

Wenn eine Epoche als Wissensgesellschaft zu gelten hat, dann dieses westliche Mittelalter, das sich anschickte, die Fülle seiner Erfahrungen systematisch nach den Prinzipien beweisender Vernunft zu ordnen, das in jedem abendländischen

Kloster, an den Schulen und Universitäten, an den Fürsten-, Königs- und Papsthöfen – keineswegs bloß wie in der Antike und auch in der arabischen Welt in einzelnen Philosophenschulen – im kollektiven Zusammenspiel der Individuen und Institutionen nach gesicherter Wahrheit und Gewißheit seines Wissens dürstete und nur das noch als »Wissenschaft« gelten ließ, was sich den Regeln derartiger Vernunft beugte. Die Fürstenhöfe wirkten dabei – so zeigen neuere Studien – als Kommunikations- und Durchdringungsräume für einheimisches und fremdes Wissen, als Knotenpunkte und Verteilungszentren im Wissensnetz. Das Grauen und die Angst vor dem Fortgang der Wissenschaft nisteten sich gleichfalls in jenen Jahrhunderten in die Gesellschaft ein, die das Weltende mit der Zunahme wissenschaftlichen Wissens kommen sah. Die spätere »Aufklärung«, die Epoche eines Descartes und zumal eines Kant, war nur der undankbare, weil unwissende, um den wahren Sachverhalt unaufgeklärte Erbe dieses vernunftbesessenen Mittelalters. Das inkompetente Urteil jener Aufklärer verfinstert freilich noch immer das Bild vom Mittelalter.

Dieses Einüben aufklärerischer Vernunft aber begann damals auf der Schule, im Kindesalter, und seit dem 8./9. Jahrhundert an allen Schulen nach demselben Programm zunächst rudimentärer, dann vollständiger aristotelischer Dialektik. Hier wurde kategoriales Denken eingeübt, logische Denkregeln verinnerlicht, als kulturelle Attitüde in elaborierterer Form als je zuvor an die nächste und von dieser an die übernächste Generation der intellektuellen Elite weitergegeben und so fort, ein generationenlanger Prozeß. Keine Erfahrung wurde ausgespart, die Geschichte so wenig wie der Glaube, die Weltkenntnis so wenig wie die sozialen und politischen Ordnungen. Die Erneuerung und Weiterentwicklung der Jurisprudenz beispielsweise ging daraus hervor, überhaupt: die Fähigkeit zu Reformen, zu Anpassung des Überlieferten an eine gewandelte Welt. Die Folgen lassen sich an der europäischen Geistesgeschichte kontrollieren, die in raschen Schritten von magischem, zu symbolischem, zu abstraktem und analytischem Denken führte und zu immer selbstkritischerem. Wie unterschiedlich die geistigen Traditionen der Beteiligten – der Iren, Angelsachsen, Gallier, Skandinavier oder der Völker jenseits von Rhein, Elbe und Oder – auch waren, jetzt mündete alles in eine Vereinheitlichung europäischen Denkens, wie es die Antike nie erreicht hatte. Es wirkte als ein kultureller Beschleunigungsfaktor von stärkster Innovationskraft, der als solcher auch tatsächlich erfahren wurde.

Die Hohen Schulen, Paris beispielsweise, repräsentierten im Mittelalter, so gesehen, keineswegs bloß Stätten der Wissensvermittlung; sie machten sich vielmehr an die geistige Formung einer Kultur, die sich anschickte, die Welt zu verändern. Den Zeitgenossen war solches zweifellos kaum bewußt, obgleich sie messend, beschreibend, vergleichend immer weiter über den Erdball vordrangen. Außenstehende erkannten eher, was geschah. Rabban Sauma etwa, ein Gesandter des mongolischen (schiitischen) Ilkhan in Persien, im übrigen ein Uigure und nestorianischer, mithin christlicher Bischof, der im Jahr 1287/88 Konstantinopel und die Residenzstädte des Westens aufsuchte – Neapel, Rom, Bordeaux und Paris, auch Genua – und über allerlei Sehens- und Merkwürdigkeiten, zumal über die großen Kirchen Bericht erstattete, verwunderte sich in Paris nicht so sehr über Saint-Denis oder die Sainte-Chapelle, die architektonischen Wunderwerke, obgleich er sie besuchte, als vielmehr ob der Ungeheuerlichkeit der Universität. Einen Monat weilte er an der Seine, dreißigtausend Studenten will er gezählt haben, vertieft in theologische und profane Studien. »Und sie erwarben Wissen, nämlich in Philosophie, Rhetorik, der Heilkunst, Geometrie, Arithmetik, in der Wissenschaft der Planeten und Fixsterne; sie waren ständig mit Schreiben beschäftigt und erhielten alle Stipendien vom König zum Lebensunterhalt«[14]. Es waren gerade die Disziplinen, die nach kurzer Zeit zu den wissenschaftlichen Revolutionen des Abendlandes führen sollten, die Rabban Sauma auflistete. Im Orient gab es nichts dergleichen. Weder unter den Mongolen, noch in der arabischen Welt.

Ständig mit Schreiben beschäftigt… In der Tat, die Erfahrung wurde auf Dauer gestellt. Eigens entwickelte Verdauerungstechniken kamen den Lateinern zu Hilfe, um nicht die geringste Erkenntnis mehr zu verlieren: Immer mehr Handschriften wurden in immer mehr Skriptorien geschrieben, verschickt, gelesen, glossiert; die Universitäten brachten das Pecienwesen, ein durchrationalisiertes Abschreibesystem, und rationelle Schriftformen hervor für eine kommerzialisierte, systematisierte und hocheffizient gestaltete Buchproduktion. Heerscharen von Notaren waren in Bologna, Montpellier oder Paris und andernorts dafür tätig.

Informationsgeschwindigkeit, Wissensverbreitung und Informationsdichte nahmen so im Lauf der mittleren Jahrhunderte rasant zu, brachten neue Berufe hervor und veränderten innerhalb weniger Generationen die Gesellschaft – ein zuvor noch nie erreichtes, ein erschreckendes Innovationstempo mit irritierenden, sich mitunter krisenhaft zuspitzenden Wirkungen. Ein ausgedehnter Buchmarkt, bald über die Handelsmessen beliefert, eine kaum zu überschauende Vielzahl von Büchersammlungen, endlich der Buchdruck, Reaktion auf einen wachsenden Bedarfsdruck, steigerten die Verfügbarkeit von Wissen in einem Maße wie nie in der Antike und nirgends in außereuropäischen Kulturen. Nichts ging fürderhin verloren, die wachsenden Bibliotheken (im Herrschaftsbereich: die Archive) repräsentierten das wachsende Wissen; nichts war fortan durch Vergessen revidierbar, es sei denn, das Wissen überholte sich selbst, eine unaufhaltsame Dynamik.

Wie entscheidend sich in diesem Prozeß das Mittelalter ausnimmt, verdeutlicht der Vergleich mit Byzanz und der arabischen Welt. Auch dort stand alle Jahrhunderte seit der Antike der gesamte Aristoteles zur Verfügung, die antiken Mathematiker, Geographen oder medizinischen Schriften, früher also und ausgiebiger als im lateinischen Westen. Gleichwohl, der Westen nutzte das Wenige, was er besaß, um seit der Karolingerzeit die »Scholastik« grundzulegen, jene kulturelle Entwicklung, die mit vollem Recht von der charakteristischen Prägung durch ihr Schulwesen ihren Namen empfing und tatsächlich die einheitliche intellektuelle, rationalistische, stets reformbereite Prägung Europas bewirkte, die Einheit seines Denkens, Forschens, Erkennens. Sie unterwarfen sich in den kommenden Jahrhunderten die Welt, während die geistige Kultur in Byzanz seit dem 12. Jahrhundert verkümmerte und der Islam sich seit der nämlichen Zeit eine Wendung zu einem wissenschaftsfeindlichen religiösen Fundamentalismus leistete und intellektuell erstarrte.

Auch der Westen realisierte die Gefahr, die von der Verwissenschaftlichung des Denkens ausging. Er aber begegnete ihr bereits seit Peter Abaelard im früheren 12. Jahrhundert mit einer säkularisierten, subjektiv-intentional gefaßten statt einer objektiven Normethik. Die innere Zustimmung zur bösen Tat entschied über die Schuld. »Den Konsens nennen wir im eigentlichen Sinne Sünde, Schuld nämlich der Seele«[15]. Diese Lehre gewährte größere Flexibilität als eine starre Normativität, wie sie bislang im Westen verbreitet war, erweiterte im Vergleich zu den hierokratischen Normen der Religion die Handlungsspielräume auch der Wissenschaft, weckte Verantwortung, wissenschaftliches Gewissen, gestattete somit trotz mancherlei kirchlichen Widerständen den Fortgang der Wissenschaft – wie sie ja auch ein auf Kredit und Zins angewiesenes Wirtschaftshandeln trotz kirchlicher »Wucher«-Verbote zu akzeptieren vermochte. Beide, Wissenschaft und

Wirtschaft, kooperierten schon im Mittelalter lebhaft mit einander. Erfahrung wurde an Erfahrung kontrolliert. Es führte mit einer gewissen inneren Folgerichtigkeit zu Aufklärung, Naturalismus und Materialismus der westlichen Kultur, die sich weithin erfolgreich über die Erde ausbreitete; zur Expansion des Westens. Zivilisationsprozesse zeichnen sich somit ab, die noch immer nicht abgeschlossen sind und nach theoretischer Durchdringung verlangen, um Orientierung zu gewähren – für heute, nicht für damals.

Gegenwärtige Globalisierungsprobleme begannen damals, an den mittelalterlichen Universitäten mit ihren Absolventen, im Zusammenwirken von Missionaren, Fernhändlern und Unternehmern, von Königen, Päpsten, Fürsten und Städten. Eine Wirkung des Westens, reichen sie weit in dessen Vergangenheit hinab, tief eingewurzelt in der abendländischen Glaubens- und Wissenskultur. Auch das reflektierten die Scholastiker nicht und bewirkten es dennoch. Sie intendierten ganz anderes; doch die Zeit überwältigte ihre Intentionen. Zwar gaben die antike Naturphilosophie, Geographie oder Astronomie ihr

Wissen an das Mittelalter weiter; aber dasselbe beschied sich damit nicht. Ohne ihre Adaption durch die mittelalterlichen Gelehrten wären die antiken Erkenntnisse untergegangen. Diesen aber, denen sie vergleichsweise spät zur Kenntnis gelangten, mußten sie Herausforderung werden. In der Tat, diese mittelalterlichen Mönche und Magistri, diese Seefahrer und Handelsleute kontrollierten und kritisierten bald früher, bald später, was sie aus der Tradition schöpften, erweiterten es unentwegt, um es endlich gründlich zu revidieren. Die rationale und systematische Erkundung der Welt, die Ausweitung der europäischen Kultur über diese Welt, sie nahmen nicht nur ihren Ausgang im Mittelalter; sie empfingen damals ihre spezifische Prägung.

Beispiele für diesen Prozeß liegen auf der Hand. Der Hinweis auf Johannes Plano Carpini und Wilhelm Rubruck, die ersten Abendländer, die im 13. Jahrhundert nach dem fernen Osten fuhren und mit scholastisch geschärftem Blick erstaunlich präzis über die Mongolen zu berichten wußten, möge hier genügen. Das kleine Europa lernte das riesige Asien kennen wie dieses umgekehrt den Westen zu keiner Zeit vor dem 19. und 20. Jahrhundert. Die beiden Genannten waren Bettelmönche, Franziskaner der eine, Dominikaner der andere, Gesandte des Papstes, des französischen Königs; der Repräsentant des Fernhandels, Marco Polo, ließ nicht lange auf sich warten; die Konquistadoren rüsteten auf. Der Vergleich mit Händlern in anderen Regionen der Erde – etwa im Vorderen Orient, in Indien oder in China – verdeutlicht, wie entscheidend die spezifische intellektuelle Schulung der Abendländer zur Verarbeitung des Weltwissens, die Techniken ihrer Informationsvernetzung wurden, die Kooperation von Wissenschaft und Wirtschaft. Sie wurde ein unverwechselbares Kennzeichen der Kultur des Westens, die Grundlage aller Globalisierung, von keiner Reformation, keinem Nationalismus, keiner Revolution unterbunden.

Geradezu archetypisch präsentieren sich die Überlegungen des südfranzösischen Dominikaners Guillaume Adam (Guillelmus Adae). Weit gereister Missionar und lateinischer Erzbischof in Persien im früheren 14. Jahrhundert, verfaßte er für den Kardinal Raymund von Santa Maria Novella, einen Neffen des Papstes Clemens V., ein Kreuzzugsgutachten. Fünffacher Schaden, so führte Guillaume darin aus, würde dem Hl. Land durch Unterstützung der (sunnitischen) Mamluken in Ägypten zugefügt: durch die westlichen, zumal die katalanischen und italienischen Kaufleute, die sie mit Eisen für Waffen und Holz für Kriegsschiffe, mit Tuch und Lebensmitteln versorgten; durch die lateinischen Jerusalempilger, die mit ihren Zollgebühren die Kassen des Sultans füllten; durch den orthodoxen Kaiser von Konstantinopel, der die Lateiner zu schädigen trachte; durch den (mit dem schiitischen Ilkhan in Persien verfeindeten) Khan der Goldenen Horde in Südrußland; und endlich durch den Indienhandel – eine weiträumige Lagebeurteilung mit ökonomischer, kriegswirtschaftlicher, finanzieller, religiöser und politischer Analyse.

Am schlimmsten aber sei der Indienhandel, der die Kassen des Sultans »durch die Unsern«, durch lateinische Kaufleute als Zwischenhändler, fülle. Er zumal müsse unterbunden werden. Möglich sei es, indem – und Guillaume erfaßte mit scharfem strategischem Blick die geographische

Lage zwischen Indien, Arabien, Äthiopien, Ägypten und Mittelmeer – indem die Straße von Aden gesperrt würde; drei oder vier Galeeren mit jeweils dreihundert Mann Besatzung würden dazu genügen. Er empfehle Genuesen, weil sie bereitwilliger seien, unbekannte Regionen der Erde zu betreten und begieriger auf Gewinn als andere[16]. Export, Import, Finanzwirtschaft, Krieg: kurzum: Globalisierung als mittelalterlicher, scholastischer Denkstil des Westens. Guillaumes Analyse spricht für sich selbst. Hier formte sich, was die Europäer in den kommenden Jahrhunderten der Erde an Gestalt aufpressen werden und diese Erde bis heute nicht mehr abschütteln konnte. Auch Aden wurde ein Stützpunkt der die Weltmeere beherrschenden Britannia. Dieser Geschichte war, ist nicht zu entrinnen.

So gesehen, eröffnet der Blick ins Mittelalter Ausblick auf Ausblick über den Zusammenprall von Zivilisationen, wie er auch in unserer Gegenwart entscheidend zu werden verspricht. Ein solcher Zusammenstoß ist in jenen mittleren Jahrhunderten mehrfach erfolgt: Die rohe Welt der Germanen und Slawen traf auf die Hochzivilisation des Mittelmeeres; das lateinische Abendland auf das orthodoxe Byzanz, die christliche Welt auf den Islam, der europäische Westen auf Vorder-, Mittel- und Ostasien. Die Beispiele weisen mancherlei Unterschiede auf, seien sie sozialer, religiöser, kultureller Natur. Gleichwohl wiederholten sich manche Erfahrungen und sind heute noch relevant. Dauer und Wirkungen derartiger Konfrontations- und Aneignungsprozesse lassen sich erfassen, kulturelle Inkubationszeiten bemessen, die Geschwindigkeit von Assimilationsprozessen abschätzen, die Ergebnisse des Ausgleichs, das entstehende Neue und das Fortwirken des Alten, die Begründung des Erfolgs, die Wirkung von Handel und Religion, die umfassenden Folgen – für alles verfügt die Menschheit über einen ausgedehnten Erfahrungsschatz, den sie jederzeit zu heben vermöchte und von dem sie – ohne Geschichte – dumpf ergeben zehrt. Seine Analyse schult den Blick für die gleichartigen Prozesse in der Gegenwart.

II
Geschichtswissenschaft als Kognitions- und Lebenswissenschaft

Haben wir bislang die äußere Welt betrachtet, so werfen wir im Folgenden, soweit uns möglich, einen Blick ins Innere des Menschen. Es konfrontiert uns mit Bio- und Kognitionswissenschaften; auch an Ethologie wäre zu denken. Mit diesen Disziplinen öffnet sich ein weiter und über die engere historische Fachdisziplin hinausweisender Horizont. Zumal die biochemischen und neurophysiologischen Erkenntnisse reichen bereits weiter, als daß sie den in manchen Kreisen immer noch verbreiteten geisteswissenschaftlichen Hochmut angesichts des zweifellos auch zu registrierenden Noch-Nicht-Wissens der Hirnphysiologie über die Denk- und Bewußtseinsprozesse rechtfertigen. Wir Historiker müssen uns vor diesen Disziplinen nicht fürchten. Denn wir haben ihnen etwas zu bieten. Jene Wissenschaften weisen auf den Gesamtzusammenhang aller geistigen Aktivitäten und ihre Einbettung in das Gesamtsystem Gehirn. Mit ihnen nähert sich der Historiker der

Mitte zwischen Individuum und Gesellschaft. Ihr wenden wir uns nunmehr zu. Wer wie wir nach den Bedingungen der Möglichkeit von Erkenntnis sucht, wird Objekt und Subjekt, Physiologie und Psychologie, Umwelt und Gesellschaft, Erkenntnistheorie und Erkenntnismethoden, Kultur und Wissen gemeinsam ins Auge fassen. Was also nutzt dem Historiker dergleichen Wissen? Gibt es einen für den Historiker relevanten Zusammenhang von Gehirn und Geschichte?

Wir befinden uns inmitten einer *anthropologischen* Neuorientierung der Geschichtswissenschaft. Die Mediävistik hat diese Entwicklung entscheidend vorangetrieben. Nicht bloß Ereignisse, Verfassungen oder Strukturen, ihr kurzes oder langes Wellenschlagen gilt es zu erforschen; vielmehr rückt der Mensch in den Mittelpunkt, der Kosmos der sich in ihm vernetzenden Interaktionen, der Schnittpunkt, an dem Umwelt, Zufälle, Mentalitäten oder Strukturen, Abertausende harmonisierender und divergierender Einzelheiten, Erinnerungen und kulturelle Transmissionsweisen sich kreuzen, sich zu Erkennen und Wissen verdichten, Handeln generieren, wodurch

Strukturen grundgelegt werden und Gesellschaft sich formt. Die Geschichte der Affekte wagt sich ans Licht, der Sexualität, der Geschlechterverhältnisse, der Kinder, der Rituale des Zusammenlebens bis hin zu den Spielen, die Geschichte der Wahrnehmung eigener und fremder Umwelt, der Psyche, der Aggressivität und Friedfertigkeit, der Gewalt gegen Kinder und Frauen, des Verhaltens; das breite Spektrum von Erziehung und Schule, auch die natürlichen und gesellschaftlichen Bedingungen, unter denen sich alles entfaltet, – eine endlose Themenfülle, so breit verzweigt, so umfassend verflochten und so gewichtig wie das Leben selbst. Noch freilich tun wir uns schwer, diese Einsichten zu einem neuen Muster von Geschichtswissenschaft als einer Lebenswissenschaft zusammenzuführen.

Zumal die Geschichte des menschlichen Körpers zog in jüngster Zeit die Aufmerksamkeit von Historikern und Historikerinnen auf sich. Wie dieser Leib mit Kleidern drapiert, mit Waffen und Schmuck behangen wurde, in den Raum geschoben und zur Schau gestellt wurde, sich höfisch zu bewegen lernte, geliebt und abgetötet, in Rituale eingebunden und zum Instrument gemacht wurde, um Status, Prestige, Herrentum oder Dienerschaft, Kleriker- oder Bürgertum, Berufs- oder Geburtsstände, Macht oder Demut, Glauben oder Wissen, Hoffahrt oder Zerknirschung zur Darstellung zu bringen, kurz: um Symbol für Außer- und Überkörperliches zu werden. Frühe Verhaltenslehren wandten sich dem Körper zu und auch die mittelalterliche Wissenschaft sparte ihn nicht aus. Die Folgen sind heute noch zu sehen und zu spüren. Sie verschmelzen in eigentümlicher Weise den Körper mit der Geschichte. Doch dabei bleibt es nicht.

Spätestens seit dem 13. Jahrhundert, im Zuge jenes scholastischen Rationalismus, kamen öffentliche Sektionen des menschlichen Körpers zu medizinischen Unterrichtszwecken an den Universitäten in Übung, wurden Körperwelten systematisch arrangiert. Die ersten Visualisierungen von Hirnfunktionen verbreiteten sich seit damals – grobe Verteilungsskizzen kognitiver Fähigkeiten auf der Landkarte des Kopfes. Doch so unbeholfen, ja phantastisch sie anmuten, sie verdeutlichen, worauf das Erkenntnisinteresse zielte und wohin die Reise ging: in die geheimnisvolle Welt da drinnen, im Gehäuse des Schädels. Wir – wir Erben der Antike – wollen nicht bloß wissen, wer Gott ist – *Fides quaerens intellectum* (wie Anselm von Canterbury formulierte) –, sondern wer wir sind, wie Gott uns geschaffen, warum wir so denken, wie wir denken, so handeln, wie wir handeln. Solche Fragen aber zielen mit dem Körper zugleich auf die Geschichte und wiederum auf Erfahrungen und ihre Verarbeitung. Ich folge ein wenig dieser Spur, soweit sie unser Metier – Gedächtnis, Wissen und Erkennen – betrifft.

Deren Erforschung hat im Altertum begonnen. Alkmäon von Kroton erkannte nach Sektionen an lebenden Tieren und toten Menschenleibern im Gehirn das zentrale Organ für die Verarbeitung der Sinnesinformationen. Aristoteles griff derartiges Wissen auf; im dritten Buch von »*De anima*«, dann in »*De memoria et reminiscentia*« dachte er sie weiter. Galen setzte solche Forschung fort. So entstand ein System, in dem sich das »Gedächtnis« neben »Imagination« und »Kognition« gerückt sah, denen die fünf Sinne des

Tastens, Sehens, Hörens, Riechens und Schmekkens ihre Informationen zukommen ließen.

Dabei blieb es auf Jahrhunderte; allein die begriffliche Unterscheidung in die drei »inneren« und die fünf »äußeren Sinne« fügten spätantike und mittelalterliche Autoren, an ihrer Spitze Augustin, hinzu. Avicenna lokalisierte in seinem *De anima*-Kommentar die Fähigkeiten in «Kammern« (*ventriculi, cellae*); er unterschied fünf innere Sinne, für die in gleicher Weise für den ganzen Körper die Humoral- und Komplexionsmedizin zuständig war (Gemeinsinn / Phantasie – Imagination / *vis formans – vis cogitativa* / bei Tieren nur *vis imaginativa* – Ästimation – *memoria*). Sie wurden in drei mit einander verbundenen Gehirnkammern oder Ventrikel lokalisiert: *Cellula phantastica, cellula rationalis, cellula memorialis,* wobei die beiden ersten gemäß der Lehre des Avicenna noch einmal unterteilt wurden. Als kognitive »Fakultäten« verarbeiteten sie die von außen zugeleiteten Informationen. So ging das antike und arabische Wissen an das lateinische Mittelalter über.

Zumal nachdem die Scholastik seit dem späteren 12. Jahrhundert die naturwissenschaftlichen

Schriften des Stagiriten wieder entdeckt, den *Canon* des Avicenna rezipiert und fruchtbar zu machen begonnen hatte, wies diese Konzeption durch *Fragestellung*, rationale *Beweismethoden* und herausfordernde *Beharrungskraft* des Problems der künftigen Psychologie und Biologie, zuletzt den Kognitionswissenschaften den Weg. Der Arzt und Wissenschaftstheoretiker Ludwik Fleck hat 1935 eine derartige Kontinuität an einem anderen Beispiel – an der »Lustseuche«, die als solche mit der Großen Konjunktion von 1484 entdeckt und nach jahrhundertelangem Forschen endlich 1905 als Syphilis identifiziert wurde – exemplarisch dargestellt[17]. Exemplarisch jedenfalls für den Westen. Denn die arabische Welt folgte mit einschneidenden Konsequenzen dieser Entwicklung zur modernen Naturwissenschaft seit dem 13. Jahrhundert nicht mehr; warum sie es unterließ, wie mächtig die Gründe und welche Wirkungen daraus resultierten, verrät sich allein dem mediävistisch geschulten Islamisten, keinem unberatenen Politiker. Es kann hier nicht weiter untersucht werden.

Die Empiristen des 16./17. Jahrhunderts aber knüpften unmittelbar an die mittelalterliche Vorgaben an, wobei wißbegierige Forscher wie Leonardo da Vinci schon zuvor nach anatomischen Studien die Lehre von den Gehirnkammern zu verändern begonnen hatten. Nicht lange und Francis Bacon zog im Sinne des Überlieferten eine Verbindung zwischen Gehirnfunktionen und Wissensformen. Er wies ersteren kulturelle Leistungen zu: der Imagination die Kunst, der Kognition oder Vernunft die Philosophie und dem Gedächtnis die Geschichte. Thomas Hobbes schickte seinem »Leviathan« (1651) einige traditionsverhaftete Ausführungen über die Sinne voraus, über Wahrnehmen, Imagination und Gedächtnis, über die Gedankenfolge beim Denken und dergleichen mehr, weil er davon überzeugt war, daß der Mensch nichts denken könne, was nicht zuvor als Sinneseindruck gegeben sei. Die späteren Aufklärer folgten auf diesem Weg.

Zuletzt sei auf Herder verwiesen, der eine Art neuronaler Netztheorie vorwegnahm: »Das Hirn der Kinder ist weich«, so dieser Theologe, »und hängt noch an der Hirnschale: langsam bildet es seine Streifen aus und wird mit den Jahren erst fester; bis es allmählich sich härtet und keine neuen Eindrücke mehr annimmt. ... Der Mensch ist also eine künstliche Maschine, zwar mit genetischer Disposition und einer Fülle von Leben begabt; aber die Maschine spielt sich nicht selbst, und auch der fähigste Mensch muß lernen, wie er sie spiele. Die Vernunft ist ein Aggregat von Bemerkungen und Übungen unserer Seele; eine Summe der Erziehung unseres Geschlechts, die nach gegebenen fremden Vorbildern der Erzogene zuletzt als ein fremder Künstler an sich selbst vollendet. Hier also liegt das Prinzip zur Geschichte der Menschheit, ohne welches es keine solche Geschichte gäbe«[18]. Gewiß, Herder rechnete mit einem göttlichen Erzieher und nicht mit der Selbstorganisation des Hirns unter dem Einfluß der äußeren Welt und der interzerebralen Kommunikation, wie es heutige Neurophysiologen tun. Gleichwohl, auch er sah einen Zusammenhang zwischen Hirnstreifen, Geschichte und kultureller Evolution (die er – ähnlich wie Lessing – »Erziehung unseres Geschlechts« nannte); und seine Verhärtungstheorie wird heute von der Hirnphysiologie in mancherlei Hinsicht bestätigt.

Indes, in dem Maße, in dem die naturwissenschaftliche Anthropologie sich fortentwickelte, sich im Fächerkanon universitärer Disziplinen ausdifferenzierte und verselbständigte, verlor der Historiker, dieser als solcher betrachtet, den Einblick in jene naturwissenschaftliche Anthropologie und damit das Interesse an ihr. Die reduktionistische Ausdifferenzierung der Methoden und Disziplinen, die seit dem 19. Jahrhundert eintrat, erfaßte zumal die Naturwissenschaften. Die neue Zergliederung sprengte das Modell der drei oder fünf Kammern, verzichtete auf die einst intendierte enge Kooperation der Wissenschaften und förderte allein die Spezialisierung. Sie gewährte Einsichten in immer kleinere Einheiten der Natur; Genetik und Molekularbiologie resultieren daraus, das immer tiefere Eindringen in die Funktionsweise des Hirns und in die Zusammenhänge des Lebens. Die Erkenntnisziele der Geschichtswissenschaft indessen blieben komplex. »Das Gehirn und seine Wirklichkeit« (so ein bekannter Buchtitel des Neurobiologen Gerhard Roth[19]) bedeutet in der heutigen Geschichtswissenschaft nachgerade nichts. In der gesamten Historik spielt dieser Zusammenhang keine Rolle – vermutlich zu ihrem Schaden. Auch die übliche Mediävistik will mit ihm nichts zu schaffen haben. Eine anthropologisch viel zu enge Auffassung von Geschichte wirkt noch immer nach, obgleich es zum Beispiel im Blick auf Wilhelm von Humboldts humanistische Anthropologie anders hätte kommen können[20]. Allein die Erforschung der Autobiographie beginnt endlich, sich der Wirklichkeit des Gehirns zuzuwenden.

Doch halten wir fest: Es gab einstmals eine holistische Wissenschaftstheorie, die den »ganzen Menschen«, als Individuum und als »Animal sociale«, als Natur- und als Kulturwesen zu erfassen trachtete und keinen Riß zwischen Gedächtnis»sinn« und Geschichte geduldet hätte. Ihr verdankte die Geschichtswissenschaft kraftvolle Impulse. Mag sie auch in ihrer einstigen Form nicht erneuerungsfähig sein, transdisziplinäre Forschungen sind gleichwohl dringlicher denn je. Denn an Bacons Einsicht, daß Geschichte und Gedächtnis aufs engste miteinander verbunden, an Hobbes' Überzeugung, daß Sinne und Kultur unauflöslich mit einander verflochten sind, hat sich nichts geändert, auch wenn sie lange vernachlässigt waren. Ja, vielleicht eröffnen sich vom Hirn aus, von dem kulturstiftenden Organ aus betrachtet, neue Möglichkeiten, das unendlich komplexe, sich selbstorganisierende System Gesellschaft angemessener zu erfassen als mit den bislang allein üblichen geistes- und sozialwissenschaftlichen Methoden. Denn irgendwie dürfte sich die Organisation des Hirns in der Organisation einer Gesellschaft manifestieren, die sich nach den Fähigkeiten dieses Hirns organisiert.

Wir schleppen die Erblast unserer Disziplin, die im 19. Jahrhundert ihre Prägung erfuhr, bis heute mit. Man redete uns ein und tut es noch, daß es einen unüberwindbaren Graben zwischen den Geistes- und Naturwissenschaften gebe. Wir schaufelten uns damit selbst die Grube, in der wir nun gefangen sitzen, ja, in der wir uns bequem eingerichtet haben und uns heimisch fühlen. Wir haben den Menschen zum Phantom erklärt, das mit seinen kulturstiftenden Handlungen der Natur entrückt sei, haben einen Gegensatz zwischen Natur und Kultur konstruiert und werden für unseren Leichtsinn nun von einer Wirklichkeit bestraft, in welcher der Mensch genetisch vom Bonobo weniger weit entfernt steht als dieser vom Makaken, und in der alle unsere Fähigkeiten einschließlich des Selbstbewußtseins und des Geistes in der Evolution schon vor uns angelegt wurden.

Wäre es nicht an der Zeit, die Kluft, welche das 19. Jahrhundert zwischen Geistes- und Naturwissenschaften aufriß, wieder zu schließen? Und wo ließe sich besser dazu ansetzen als bei der geistigen Tätigkeit des Menschen? Die Kooperation zwischen der Neurobiologie und den Kognitionswissenschaften wird längst praktiziert; Mathematiker beteiligen sich an der Erforschung der Algorithmen, nach denen das offene System Hirn funktioniert. Könnte eine Kooperation der Geschichts- mit den Kognitionswissenschaften nicht gleichfalls sinnvoll, gar notwendig sein? Auch die Ethologie wäre einzuschließen. Wenn Geschichte es wesentlich mit Erfahrung, ihrer Speicherung und Vernetzung zu tun hat und aktualisierbare Erfahrung, Wissen also, Erinnerung verlangt, dann ist die Geschichtswissenschaft eine Lebens- und Kognitionswissenschaft; dann sind in allen menschlichen Zivilisationen Verschränkungen sozialer, kultureller und neuronaler Prozesse im Spiel, von Freiheit und Notwendigkeit, von Gesetz und Spontaneität. Dann sollten wir Historiker dieselben kennen, um die Bedingungen einstigen wie gegenwärtigen Handelns realitätsnäher betrachten und angemessener beurteilen, um unser eigenes Tun effizienter kontrollieren zu können, auch um unsere Methoden daraufhin zu prüfen, wie weit sie uns zu solchen Vorhaben in die Lage versetzen. Dann böten auch unsere Erkenntnisse den Physiologen, Psychologen und Ethologen ein ertragreiches Arbeitsfeld. Was nun könnte uns diese Wende bringen?

»Wenn«, so steht zu lesen, »man Vergangenes wahrheitsgetreu erzählt, holt man nicht die Dinge selbst aus der Erinnerung hervor – sie sind vergangen –, sondern nur Worte, geschöpft aus Bildern, die im Geist beim Durchzug durch die Sinne gleichsam Spuren eingedrückt haben.« Textuelle Kohärenz also durch die Tätigkeit des Hirns. In der Tat, postmoderne Theorien gehen davon aus, daß alle Kenntnis der Vergangenheit an Texte gebunden ist und deshalb über Textwelten nicht hinauszugelangen sei. Der zitierte Satz könnte also von heute stammen, ist aber 1600 Jahre alt. Der Kirchenvater Augustin[21] hat ihn einst formuliert. Die heutige Neurophysiologie vermag ihn nicht nur zu bestätigen, sondern auch die neurophysischen Grundlagen des Phänomens zu erkennen und erste Konsequenzen daraus zu ziehen. »Worte und Bilder« aber sind dem Historiker wohl vertraute Elemente seiner Forschungen. Sie könnten eine Brücke schlagen von der reduktionistisch operierenden Physiologie zu einer sich auf weniger und weniger komplexe Einheiten konzentrierenden Historik, die damit in die Lage versetzt würde, auch komplexere Prozesse in neuer Weise zu durchleuchten.

Es gibt ja erste Ansätze zu derartig reduktionistisch operierenden Verfahren in den Kulturwissenschaften. Ich denke an verschiedene Varianten von Memtheorie. Meme – der Begriff wurde in Analogie und Assonanz zu Gen konzipiert – sind nach ihrem Erfinder Richard Dawkins[22] auf nichtgenetischem Weg replizierbare kulturelle Elemente (wie z. B. eine Melodie, ein Gedanke, ein Begriff etc., auch Moden, Gesten, Verhaltensweisen etc.) oder sind nach Edward O. Wilson replizierbare »›Knoten‹ … im semantischen Gedächtnis«, »aus einer großen Zahl von Nervenzellen bestehende Schaltkreise, die sich über große und sich überlappende Bereiche des Gehirns erstrekken«[23]. Die Theorie setzt die Nachahmungsfähigkeit des Menschen voraus, will diese auf kleinste Einheiten zurückführen, um auf diesem Wege komplexe kulturelle Phänomene analytisch zu durchdringen. Doch muß ich mich auch jetzt mit diesem Hinweis begnügen, ohne den Ansatz weiter zu verfolgen. Immerhin verdeutlicht er, daß gegenwärtig an Theorien gearbeitet wird, die Kultur und Natur tatsächlich wieder zusammenführen. Deutsche Historiker zeichnen sich bis zur Stunde eher durch Ablehnung denn durch Partizipation an derlei Aktivitäten aus.

Begriffe und Bilder, Erinnerungen oder Erfahrungen können mithin als Meme oder Memkomplexe betrachtet werden und als Verhaltensweisen weitergegeben und kopiert werden. Sie alle sind zerebral in komplexe weiträumig angelegte »neuronale Netze« sensorischer, motorischer und zwischengeschalteter Nervenzellen verflochten und auf diese Weise in das taxonomische (Werturteile fällende) System »Gehirn« eingebunden. Jenes Netzwerk sorgt für dessen kognitive Leistungen und ihre Umsetzung in Bewegung, Sprache, Handeln, in Verhalten, Erinnern oder Denken. Es entsteht sowohl prä- als auch postnatal, ist somit genetisch bedingt und, zeitlich differenziert, durch Erfahrung geknüpft. In der Regel ist ein menschliches Hirn erst mit der Pubertät ausgereift. Jetzt erst sind alle Schaltungen erfolgt, deren einige zumal im sensorischen System – analog zur Prägung eben geschlüpfter Graugänse, die Konrad Lorenz entdeckte – dauerhaft stabil sind und bei Läsionen irreversible Schäden an Körper, Psyche und im Verhalten hinterlassen, andere ein Leben lang modulationsfähig bleiben. Teilweise sichern Mehrfachverschaltungen das Netzwerk gegen Ausfall einzelner Funktionsbereiche.

Das Hirn indessen empfängt nicht nur eingehende Informationen, es »beantwortet« diese auch, indem es dieselben intern bewertet, sie in elektrische Impulse und chemische Signale transformiert, als »Wissen« enkodiert und daraus resultierende Handlungsanweisung weiterleitet. Derartige interaktive Hirntätigkeit findet unbewußt statt und zwar auf drei Ebenen – intrazellulär, interzellulär sowie, etwa über die Ernährung, durch Schmerz, soziale Erfahrungen oder Lernen, im Austausch mit der Umwelt außerhalb des eigenen Organismus. Dieser »Trialog« beginnt in zeitlich genau abgestimmter Abfolge mit der ersten Zellteilung des entstehenden Wesens und endet ein Leben lang nicht. Ein falsches Timing kann Verwirrung stiften oder Katastrophen bewirken. Der »Diskurs« freilich zwischen den drei Partnern – Zelle, Netzwerk und Umwelt – endet erst mit dem Tod. Der Mensch nun, diese kopfbedingte Frühgeburt, ist diesem Diskurs am intensivsten ausgesetzt, eben weil sein Netzwerk ausgesprochen spät, eben erst mit der Pubertät endgültig verschaltet ist. Seine »Antworten« an die Außenwelt aber heißt »Kultur«.

Das Hirn operiert bei alldem ohne lenkendes Konvergenzzentrum. Es »weiß« bei Maus oder Mandrill so gut wie beim Menschen unabhängig von allem Bewußtsein, was es zu tun hat, ist zudem ständig aktiv, weil sein Elektrizitäts- und Chemiewerk nicht abgeschaltet werden können und jene Bewertungen unablässig stattfinden, ob wir gleich wachen oder schlafen; es produziert aus enkodierten Erfahrungen durch bislang nicht zu durchschauende Selbstorganisationsprozesse, in die interne, bereits in der chemo-elektrischen Sprache des Gehirns verfügbare Informationen eingehen, unablässig – unbewußt und bewußt, wachend, schlafend, träumend – ungewollte Bewertungen, eigenständige Erinnerungskonstrukte, unkontrollierbare Handlungsanweisungen.

Die Folgen berühren unsere Persönlichkeit in all ihren Fasern, mit Leib und Seele, mit Denken, Wissen und Handeln und damit grundsätzlich auch deren Interpretation durch Historiker oder Historikerinnen und nicht zuletzt unsere Urteile und Orientierungspotentiale. Ob wir Menschen über einen freien Willen verfügen, ist fraglich geworden unter den Bedingungen zu knüpfender und ausgehärteter neuronaler Netze ohne eine leitende Zentralinstanz, auch wenn der schon in der Phase frühkindlicher Aphasie grundgelegte Selbstbezug unseres Denkens das Gegenteil suggerieren möchte. Auch dieser Selbstbezug wird vermutlich durch unbewußte Signale ausgelöst, die unkontrollierbare Prozesse in Gang setzen.

Wie auch sollten wir frei wollen, wenn jedes neuronale Geschehen aus einem endlosen »Dialog« von elektrischen und chemischen Signalen besteht, der mit der ersten Zellteilung einsetzt. Die Algorithmen biochemischer Prozesse beherrschen in den Bahnen der neuronalen Netze unsere psychische und geistige Befindlichkeit. Sie begrenzen fürs erste unüberschaubar, aber grundsätzlich erkennbar den Variationsspielraum unseres kognitiven, bewußten und kulturschaffenden Verhaltens.

Das alles zeitigt Konsequenzen für die Aktualisierung von Erfahrungen, mithin für unser Wissen, für dessen Interpretation, Artikulation und Nutzung; für jede Wissensgesellschaft. Zumal jene geistigen Leistungen sind betroffen, die sich vornehmlich dem Gedächtnis verdanken – wie beispielsweise die meisten mittelalterlichen Schriftzeugnisse –, aber auch alle Assoziationen, menschliches Schöpfertum. Textverständnis und Interpretationsanalyse können unter diesen Umständen von den Kognitionswissenschaften nur profitieren; sie werden sich vermutlich – zum Beispiel durch die systematische Beachtung der Erinnerungs- und kognitiven Verformungsprozesse, wie sie auf jede Äußerung einwirken und in jedem Text anzutreffen sind – grundlegend ändern.

Jenes neuronale Netzwerk baut sich – von genetisch bedingten Anlagen abgesehen – von Anfang an durch Auseinandersetzung mit der Umwelt und somit kulturell vermittelt auf; es bleibt in gewissen Grenzen durch Erfahrung modulierbar. Die einfließenden Informationen – Wahrnehmen, Erinnern, Lernen, kulturelle Transmission oder interzerebrale Kommunikation – knüpfen mit am physischen, aus Neuronen, Axonen, Dendriten, Synapsen gebildeten Netzwerk des Gehirns. So sind neben den körperlichen auch kulturelle Faktoren am Körpergeschehen beteiligt. Die Algorithmen aber, nach denen diese neuronalen Netze sich organisieren, sind nicht zuletzt Produkt der Kultur, der kulturellen Evolution; sie sind als solche imprägniert mit Vergangenheit. In den Aufbau neuronaler Netze, eines körperlichen Geschehens, fließt demnach – etwa beim Erlernen der Muttersprache oder im vorpubertären Unterricht – implizit die gesamte Kulturgeschichte ein. Anders gewendet: an der Physik des Denkprozesses ist stets Kulturgeschichte beteiligt – und umgekehrt: jede Kulturgeschichte spiegelt die neuronalen Verschaltungen der Träger dieser Kultur.

Wahrnehmung, jedes Signal der Umwelt, jedes Ereignis, jeder Sachverhalt wird durch hirninterne Bewertung und Deutung konstituiert und ist gesättigt von Geschichte. Der menschliche Körper gestattet somit nicht nur die Hervorbringung geistiger Leistungen, er unterliegt zugleich, wenn man so will, dem Drängen dieses Geistes. Neurophysis und die enkodierten biochemischen Prozesse haben, das ist vielleicht die überraschendste Entdeckung der Neurophysiologie, neben aller körperlich-genetischen Bedingtheit psychische, soziale und kulturelle *Ursachen*.

Die Neurophysiologie verweist somit auf eine eigentümliche *Interaktion* von kulturellen Inputs und neurophysischer Fixierung, auf biologisch-kulturelles Zusammenspiel und auf Koevolution. Die zugrundeliegende Fähigkeit zu und die Angewiesenheit auf den Trialog oder Dialog verliert ein gesundes Hirn ein Leben lang nicht. Da beteiligen sich eigene und fremde, individuelle und kollektive, interzerebral vermittelte Erfahrungen am Ausbau des Netzwerks, an körperlichen Dispositionen. Über interaktive Kommunikation fließt die Organisation des Hirns in die Organisation der Gesellschaft zurück. Solche Interaktion aber macht transdisziplinäre Zusammenarbeit unabdingbar. Hirnforschung verlangt nach der Geschichte, weil diese Material zur Prüfung der neuro-kulturellen Hypothesen bereitstellen kann.

Ich lasse hier die künftige Gestaltung eines Menschenbildes und einer Gesellschaft außer Betracht, die zu den unausweichlichen Bedingungen jener Koevolution stehen. Kulturelle Verarmung ist nicht zu befürchten, wie die Vergangenheit lehrt. Der genetische Reichtum übertrifft die Molekülmenge im Weltall. Doch rückt das Wissen um ihre neurophysische Bedingungen auch die Erfahrungen der Vergangenheit in ein anderes Licht. Dasselbe beleuchtet keineswegs bloß längst bekannte Zeugnisse und Sachverhalte in neuer Weise; es erschließt vielmehr neue Einsichten in den Zusammenhang der Dinge, des Lebens, der kulturellen Vielfalt. Das alles kann den Historiker nicht gleichgültig lassen, der erkennen möchte, wie es gewesen, und der nach den Bedingungen der Möglichkeit von Erkenntnis sucht, selbst wenn er gegenwärtig nicht ahnt, wohin ihn sein Wissen um neurophysische und kulturelle Koevolution treiben, ja nicht einmal, wie es sich im einzelnen ausnehmen und in welcher Weise er es fruchtbar machen könnte.

Verraten etwa kulturwissenschaftliche und soziologische Systemtheorien, unsere Wahrnehmungsmuster für die Vergangenheit, größere Verwandtschaft mit den neuronalen Netzwerken, als das bisher beachtet wurde? Könnten sie durch deren Analyse verfeinert werden? Müssen auch wir Historiker uns verstärkt mit Selbstorganisationsprozessen und -theorien auseinandersetzen, weil unser kulturschaffendes Organ, das Gehirn, selbst so organisiert ist? Ich vermute es. Derartige Theorien reichen am nächsten an die Arbeitsweise des individuellen menschlichen Steuerungsorgans heran, das durch seine in ihrer kollektiven Gesamtheit unsteuerbaren Operationen die umfassendsten Leistungen, komplexe Kulturen, den Gegenstand unserer Forschungen, hervorbringt. Auch hier, mit der Gesamtheit gesellschaftlicher

Kräfte, haben wir es mit einem komplexen System ohne Leitungszentrum zu tun. Ließen wir uns auch nur in begrenztem Umfang auf derartige Theorien ein, so hätten wir unzweifelhaft die Muster unserer Vergangenheitskonstrukte erheblich zu modifizieren. Es näherte dieselben aber zugleich der Wirklichkeit des Menschen an. Gegenwärtiges und vergangenes, auch die Aussagen über künftiges Handeln wären in gleicher Weise betroffen. Um Antworten dafür vorzuschlagen, wie es sich im einzelnen auswirken könnte, ist es freilich noch zu früh. Wir können uns an solche einstweilen nur schrittweise, von Einzelfall zu Einzelfall, herantasten.

III
Konsequenzen

Ich kann das hier nicht weiter vertiefen. Nur wenige Konsequenzen seien bedacht; sie münden zunächst in einen scheinbaren Widerspruch zu dem zuvor Gesagten: Es gibt in der Wirkweise der neuronalen Netze keine Vergangenheit, nur

Gegenwart. Alles nämlich, was wir denken, woran wir uns zu erinnern meinen, was wir wissen, ist aktuelle elektrische und chemische Aktivität unseres Hirns, ausgelöst durch enkodiertes Wissen. Alles frühere Erinnern und Denken gleicht einem endgültig abgebrannten Feuerwerk. Es gibt nur die augenblickliche Leistung des dicht verkabelten Chemie- und Elektrizitätswerkes im Kopf. Dasselbe arbeitet zwar dynamisch, ist zeitweise auf Expansion, zunächst auf den Ausbau, sodann auf die intensivere Nutzung der neuronalen Netze, angelegt und kann durch Nichtgebrauch seine Leistung herunterfahren. Alle Vergangenheit muß somit Gegenwart werden, um etwas, um aktivierter Teil des Netzwerks zu werden, um Wissen zu sein. Das gilt für den Historiker wie für sein Publikum. Wissen erscheint in einem Individuum als schiere Gegenwart.

Betroffen ist etwa der Assoziationenhaushalt, auf den beim Forschen, bei schöpferischem Handeln, für alle planende Weltgestaltung zurückgegriffen werden muß. Er ist weiträumig in ein corticales Netzwerk eingespeichert, das seinerseits eng mit dem episodischen und semantischen Gedächtnis verbunden ist; bei seiner Einspeicherung ist das entwicklungsgeschichtlich alte limbische System maßgeblich beteiligt. Dieses wiederum steuert beispielsweise motivationale und emotionale Zustände und hilft bei der Bewertung von Sachverhalten und beim Denken, mithin bei der Generierung von Orientierungswissen. Kreativität, Handlungs- und Gestaltungskompetenz, Orientierungsvermögen speisen sich, so ergibt dieser Blick ins neuronale Netzwerk, nicht nur aus der Repräsentation der Vergangenheit im Gehirn, sondern auch aus der besonders engen, keineswegs bewusst steuerbaren Kooperation der daran beteiligten Hirnregionen. Es gilt, die Emotionen zu beachten, die unser Wissen generieren.

Mehr noch: Die neuronalen Netze entstehen, wie gesagt, teilweise im Uterus, teilweise aber erfahrungsinduziert bis zur Pubertät; danach sind wenigstens einige irreversibel verschaltet, auskristallisiert – wie der Neurophysiologe Wolf Singer formuliert[24]. Jetzt komme nichts mehr hinzu; späteres Lernen sei zwar möglich, aber durch Modulation im vorgegebenen Netzwerk. Das kulturelle Gewicht von Erziehungssystemen, den Erziehungstechniken, den expliziten und impliziten Erziehungsinhalten und Lernmethoden (wie im Mittelalter etwa die verbreitete Kinderarbeit, die übliche Prügelstrafe, das frühe Eintrichtern der Kategorienlehre und Satzanalyse, das systematische Gedächtnistraining erneuerter Rhetorik und anderes mehr) sowie ihrer jeweiligen Konsequenzen bis in die Organisation des Körpers hinein treten damit deutlicher hervor als noch soeben; der Historiker wird sie ausgiebiger als bislang zu untersuchen und stärker zu berücksichtigen haben als gewohnt. Konfliktverhalten zum Beispiel wird damit nicht nur beschreib-, vielmehr auch erklärbar. Denn die Erziehung bewirkt unmittelbar die kulturabhängige und kulturschaffende Formung jener neuronalen Netze, die Enkodierung des Orientierungswissens, das die Konflikte generiert. Die Abhängigkeit des Umgangs auch mit kollektivem Wissen von den Erziehungsweisen wird analysierbar.

Es verlangt von uns Historikern beispielsweise erhöhte Aufmerksamkeit hinsichtlich des einstigen (nicht anachronistisch verzerrten) Wissens jener Epochen und Individuen, deren Geschichte wir erforschen. Ohne deren Kenntnis haben wir kaum ein Chance, unserem Gegenstand uns verstehend zu nähern. Heutige kognitionswissenschaftliche Untersuchungen besitzen auch für die Deutung mittelalterlicher Befunde Relevanz, insofern sie sich beispielsweise auf anthropologische Konstanten wie das eigentümlich die Erinnerungen verformende Gedächtnis oder auf statistisch gesicherte Daten der Verhaltenspsychologie beziehen; die Untersuchung von Konfliktverhalten etwa wäre davon unmittelbar betroffen. Die Art und Weise, wie in unterschiedlichen Erziehungssystemen mit welchen Lernmethoden Erfahrungen gemacht, gesammelt, weitergeleitet werden, wie Erlebnisse verarbeitet, symbolisch und begrifflich repräsentiert, gespeichert werden, wie komplex derartige Erfahrungen sind, ob und wie sie sich in Komponenten zergliedern lassen, welche Gewichtungsmaßstäbe divergierend erziehende Gesellschaften an individuelle und kollektive Erfahrungen anlegen, welche dieser Erfahrungen aus dem tradierten und prinzipiell verfügbaren Erfahrungsschatz tatsächlich aktualisiert, miteinander vernetzt werden, wie sich

Rationales mit Irrationalem, Emotionales mit Sachlichem verschränkt, welche Assoziationen aufgerufen werden, all das und Vergleichbares mehr wird nun für die Kulturanalyse in physiologisch prüfbarer Weise bedeutsam. Wirkungen lassen sich somit in ihren Parametern genauer erfassen als bisher.

Wie Textualisierungen und Interpretationen in der Vergangenheit praktiziert wurden, wie etwa der mehrfache Schriftsinn, die Kategorienlehre oder die Zirkumstanzenlehre der Rhetorik in den erhaltenen Schriftzeugnissen tatsächlich umgesetzt wurden, verlangt nun nach linguistischer Analyse; eine solche erschließt den Zugang zum assoziativen Denken der Autoren und ihrer Epochen. Kleinste Hinweise verdienen da schon Beachtung.

Wir werden im Verstehen des Vergangenen nur soweit Erfolg haben, als uns die Kenntnis dieser Systeme, Inhalte und Methoden bekannt wird. Das berührt nicht zuletzt unser Quellenmaterial, soweit es beispielsweise durch Erinnerung geformt wurde. Auch könnte eine Geschichtserzählung für Kinder unter diesen Umständen größere, weil wirksamer in den Aufbau dieser Netze eingreifende Bedeutung besitzen als die klügste fachwissenschaftliche Abhandlung, die sich vorhandener Netze bedienen muß. Wissenschaft und Pädagogik müssen demnach in neuer Weise zusammenwirken nicht nur, um künftige Erziehung zu planen, sondern gerade auch, um vergangenes Handeln zu erfassen, dessen Kenntnis gegenwärtiges erleichtern soll.

Ich bin mir sicher, daß die eingangs angedeutete Geschichtsflucht von der Geschichte bald wieder eingeholt sein wird; auch die Neurobiologie entkommt ihr nicht; es wäre töricht, auf diese Geschichte auch nur für einen Augenblick zu verzichten. Wir bezahlten es teuer mit Verlust unserer uns nährenden Wissensquelle.

IV
Resümee

Auch wenn ich die Analyse von Außensicht und Innensicht, von Erfahrungswelten und Erfahrungsverarbeitung, hier nicht weiter vertiefen kann, so sollten Möglichkeiten ihres Zusammenwirkens deutlich geworden sein. Wir könnten uns abschließend nun beispielsweise, gleichsam zur Demonstration oder zur Probe, zurück zu jener spottenden Gesellschaft wenden, die wir eingangs ihrem Hohngelächter überlassen hatten, könnten jenen so eigentümlich wirklichkeitsfernen Ethikrat zu mehr Mut zur Geschichte und zu größerem Vertrauen in deren Erforschung ermuntern, nichts entzöge sich einer Geschichtswissenschaft, die sich als Erfahrungs- und Lebenswissenschaft begreift. Doch muß ich mir dergleichen Nutzanwendung verkneifen.

Statt dessen ziehe ich ein knappes Resümee: Manches, was auf den vorstehenden Seiten angesprochen wurde, ist Zukunftsmusik; noch fehlt uns Historikern das Instrumentarium für solche Forschung. Aber dieses Manko teilen wir mit allen Kognitions- und allen Biowissenschaften. Forschung, auch historische, trachtet seit je nach der *Terra incognita.* Die Geschichtswissenschaft, die gleich jeder Wissenschaft auch in ihren herausragenden Vertretern nicht weiß, warum sie zu ihren Fragestellungen, ihren großen Einfällen, Bewertungen und weiterführenden Assoziationen, zu ihren Erkenntnissen, warum sie trotz *identischer* Quellen zu so *divergierenden* Urteilen gelangt, die Geschichtswissenschaft also wird sich auf derartige Fragen einstellen müssen, will sie als Wissenschaft vom Menschen und nicht nur als antiquarischer Spaßspender weiterhin ernst genommen werden. Verzagen muß sie nicht; sie ist eine Erfahrungs-, Kognitions- und Lebenswissenschaft, hat reiche Untersuchungsfelder anzubieten, die um so ergiebiger sein dürften, je tiefer sie in die Vergangenheit zurückführen, je länger also die Erfahrungswerte sind, mit denen sie aufzuwarten vermag, und je sicherer zugleich ihre Befunde herausgearbeitet werden können. Hier besitzt die mittelalterliche Geschichte eine gute Ausgangsbasis. Sie schaut noch in die Antike, die erstmals den Schritt zur Wissenschaft tat, und die Neuzeit, welche den Rationalismus des Mittelalters erbte, ist ihr nicht fremd; sie versteht zu vermitteln und Wissen, seine Wirkungen und Transmissionen über lange Zeiträume zu verfolgen. So liefert sie Basisdaten für notwendige Orientierung im Heute und ist mit all dem mehr denn je Herausforderung.

Anmerkungen

Dieser Essay stellt die erweiterte und mit Zitatbelegen und weiterführender Literatur versehene Fassung des am 5. Oktober 2001 unter dem Titel »Die Gegenwart des Mittelalters« gehaltenen Festvortrages zum fünfzigjährigen Bestehen des »Konstanzer Arbeitskreises für mittelalterliche Geschichte« dar. Die Vortragsfassung erscheint in: Stefan WEINFURTER (Hrsg.), Fünfzig Jahre Konstanzer Arbeitskreis für mittelalterliche Geschichte – Die Gegenwart des Mittelalters, Stuttgart 2002.

1 Vgl. bes. Georg Wilhelm Friedrich HEGEL, Vorlesungen über die Philosophie der Geschichte. Werke in zwanzig Bänden 12, Frankfurt a. M. 1970 u.ö. S.17.
2 Vgl. Kurt REUMANN, Technokratischer Größenwahn. Warum Universitäten durchaus nicht zusammengelegt werden sollten, in: FAZ 25. März 1998, S. 16.
3 Gefahren des Mittelalterbegriffs. Diagnostische und präventive Aspekte, in: Modernes Mittelalter. Neue Bilder einer populären Epoche, hrsg. von Joachim HEINZLE, Frankfurt a. M./Leipzig 1994, S. 33–63.
4 Völkerkunde [Sammlung Göschen 73], Leipzig 1898, S. 10.
5 Geo Epoche 2. Das Mittelalter 1999.
6 Vgl. Folkhard CREMER, Der antistaufische Figurenzyklus im Naumburger Westchor und warum es darin keine Uta von Ballenstedt gibt, in: Das Münster 51 (1998) S. 262–270.
7 Vgl. Erinnerungslosigkeit. Ein Defizit der gesellschaftskritischen Intelligenz, in: Frankfurter Rundschau vom 16. 6. 2001, Nr. 137 S. 20.
8 Darmstädter Echo, 4. Sept. 2001, S. 30.
9 Stern Nr. 17 vom 19. 4. 2000, Titelblatt.

10 Ich zitiere den geschichtswirksamen Erstdruck: Max WEBER, Wissenschaft als Beruf, München Leipzig 1919, S. 10. Die kritische Edition: Wolfgang J. MOMMSEN, Wolfgang SCHLUCHTER in: Max Weber Gesamtausgabe Bd. 17, Tübingen 1992, S.49–69. Der Vortrag wurde am 8. 11. 1917 gehalten, vgl. ebd. S. 43–46.

11 Zitiert nach Georg BÜCHMANN, Geflügelte Worte, Der Zitatenschatz des deutschen Volkes. Vollständige Ausgabe, hrsg. von Walter HEICHEN, Berlin 1915, S. 472f. (*Du haut de ces pyramides quarante siècles vous contemplent*).

12 Friedrich NIETZSCHE, Vom Nutzen und Nachteil der Historie für das Leben, Stuttgart 1962 (Reclam), S. 3.

13 Werke. Vollständige Ausgabe letzter Hand 5 S. 110.

14 Histoire du Patriarche Mar Jabalaha III et du moine Rabban Çauma. Traduite du syriaque par J.-B. CHABOT, in: Revue de l'Orient latin 2 (1894) S. 107f.; auch: The Monks of Kûblâi Khân Emperor of China or The History of the Life and Travels of Rabban Ṣâwmâ, Envoy and Plenipotentiary of the Mongol Khâns to the Kings of Europe, and Markôs Who as Mâr Yahbhallâhâ III Became Patriarch of the Nestorian Church in Asia. Translated from the Syriac by Sir E. A. WALLIS BUDGE, Kt., London 1928, S. 183f.

15 Petrus Abaelardus, Nosce te ipsum, ed. David LUSCOMBE S. 4.

16 »De modo Sarracenos extirpandi«, Recueil des Historiens des Croisades. Documents Arméniens 2, Paris 1906, S. 521–555.

17 Ludwik FLECK, Entstehung und Entwicklung einer wissenschaftlichen Tatsache. Einführung in die Lehre vom Denkstil und Denkkollektiv. Mit einer Einleitung hrsg. von Lothar SCHÄFER und Thomas SCHNELLE, Frankfurt am Main [3]1994.

18 Johann Gottfried HERDER, Das Prinzip der Geschichte der Menschheit, zit. nach Kurt ROSSMANN (Hrsg.), Deut-

sche Geschichtsphilosophie von Lessing bis Jaspers, Bremen ^{2}o. J., S. 32.

19 Zuerst Frankfurt am Main 1994, ^{5}1996.

20 Vgl. die Auswahl: HUMBOLDT, Anthropologie und Bildungslehre, hrsg. von Andreas FLITNER, Düsseldorf / München 1956.

21 Confessiones IV,16,28f.

22 Richard DAWKINS, Das egoistische Gen, Reinbek bei Hamburg ^{3}2001, S. 304–322. Vgl. auch Susan BLACKMORE Die Macht der Meme oder Die Evolution von Kultur und Geist. Mit einem Vorwort von Richard Dawkins, Heidelberg / Berlin 2000.

23 Richard O. WILSON, Die Einheit des Wissens, Berlin 1998, S. 183.

24 Wolf SINGER, Vom Gehirn zum Bewußtsein, in: Das Gehirn und sein Geist, hrsg. von Norbert ELSNER und Gerd LÜER, Göttingen 2000, S. 189–204. DERS., Phenomenal awareness and consciousness from a neurobiological perspective, in: Neural Correlates of Consciousness – Empirical and Conceptual Questions, hrsg. von T. Metzinger, Cambridge, Mass. 2000. DERS., Neuronal synchrony. A versatile code for the definition of relations?, in: Neuron 24 (1999) S. 49–65. DERS., Das Bild im Kopf – Ein Paradigmenwechsel, in: Gene, Neurone, Qubits & Co, hrsg. von D. GANTEN, Stuttgart / Heidelberg 1999, S. 267–278.

Weiterführende Literatur

Klaus ARNOLD, Kind und Gesellschaft in Mittelalter und Renaissance (Zebra Reihe B Bd. 2), Paderborn 1980.

Das europäische Mittelalter im Spannungsbogen des Vergleichs. Zwanzig internationale Beiträge zu Praxis, Problemen und Perspektiven der historischen Komparatistik, hrsg. von Michael BORGOLTE, Berlin 2001.

Johannes FRIED, Auf der Suche nach der Wirklichkeit. Die Mongolen und die europäische Erfahrungswissenschaft im 13. Jahrhundert, in: Historische Zeitschrift 243 (1986) S. 287–332.

DERS., Kunst und Kommerz. Über das Zusammenwirken von Wissenschaft und Wirtschaft im Mittelalter vornehmlich am Beispiel der Kaufleute und Handelsmessen, in: Historische Zeitschrift 255 (1992) S. 281–316, auch separat (Schriften des Historischen Kollegs. Vorträge 32), München 1993.

Hört ihr die Kinder weinen. Eine psychogenetische Geschichte der Kindheit, hrsg. von Lloyd DE MAUSE, Frankfurt am Main 1980, [10]2000 (zuerst engl. 1974).

Hubert MARKL, Homo Sapiens. Zur fortwirkenden Naturgeschichte des Menschen (Gerda Henkel Vorlesung), Münster 1998.

Mittelalter und Moderne. Entdeckung und Rekonstruktion der mittelalterlichen Welt, hrsg. von Peter SEGL, Sigmaringen 1997.

Modernes Mittelalter. Neue Bilder einer populären Epoche, hrsg. von Joachim HEINZLE, Frankfurt am Main 1994.

Marina MÜNKLER, Erfahrung des Fremden. Die Beschreibung Ostasiens in den Augenzeugenberichten des 13. und 14. Jahrhunderts, Berlin 2000.

August NITSCHKE, Historische Verhaltensforschung. Analysen gesellschaftlicher Verhaltensweisen – Ein Arbeitsbuch (Uni-Taschenbücher 1153), Stuttgart1981.
Folker REICHERT, Erfahrung der Welt. Reisen und Kulturbegegnung im späten Mittelalter, Stuttgart 2001.
Wolfgang REINHARD, Geschichte der europäischen Expansion, 4 Bde., Stuttgart 1983–1990.
Heinrich SCHIPPERGES: Die Entwicklung der Hirnchirurgie, in: Ciba-Zeitschrift 7 (1955) S. 2470–2500.
Felicitas SCHMIEDER, Europa und die Fremden. Die Mongolen im Urteil des Abendlandes vom 13. bis in das 15. Jahrhundert (Beiträge zur Geschichte und Quellenkunde des Mittelalters 16), Sigmaringen 1994.
Nancy G. SIRAISI, Medieval and Early Renaissance Medicine. An Introduction to Knowledge and Practice, Chicago, London 1990.
Zur Hirnforschung habe ich benutzt:
Eric KANDEL, James H. SCHWARTZ, Thomas M. JESSEL (Hrsg.), Neurowissenschaften. Eine Einführung, Heidelberg/ Berlin/ Oxford 1995.
Wolf SINGER, Wahrnehmen, Erinnern, Vergessen, in: Eine Welt – Eine Geschichte? 43. Deutscher Historikertag in Aachen 2000, München 2001, S. 18–27.
Richard F. THOMPSON, Das Gehirn. Von der Nervenzelle zur Verhaltenssteuerung, Heidelberg 1990, [3]2001 (zuerst engl. 1985)

Die Zisterzienser
Geschichte eines europäischen Ordens

von Immo Eberl

13 x 21 cm, gebunden mit Schutzumschlag,
624 Seiten, eine Übersichtskarte, Bibliographie
ISBN 3-7995-0103-7

Immo Eberls »Die Zisterzienser« bietet die gesamte Geschichte dieses europäischen Ordens vom 12. Jh. bis zur Gegenwart. Neben der Frühzeit werden in diesem Werk erstmals auch die neuzeitliche Entwicklung sowie die außereuropäische Geschichte dargestellt. Dabei nimmt der Autor auch die kultur- und die wirtschaftshistorische Bedeutung des Ordens in den Blick. Zum ersten Mal im deutschen Sprachraum werden die Zisterzienser hier von einem Archivar und Historiker gewürdigt, der selbst nicht dem Orden angehört.

Jan Thorbecke Verlag Stuttgart